Ils vécurent philosophes
et firent beaucoup
d'heureux

DU MÊME AUTEUR

Harry Potter à l'école de la philosophie, Ellipses, 2013.

La Playlist des philosophes, Le Passeur Éditeur, 2015.

Game of Thrones, une métaphysique des meurtres, Le Passeur Éditeur, 2016.

Marianne Chaillan

Ils vécurent philosophes et firent beaucoup d'heureux

Équateurs
parallèles

contact@editionsdesequateurs.fr
www.editionsdesequateurs.fr

AVERTISSEMENT

Les idées développées dans cet ouvrage sont celles de l'auteur seul et n'engagent en aucune façon la société The Walt Disney Company.

À Marie pour tant de choses et notamment pour tout ce que ce livre lui doit,

À Ruwen Ogien que j'aimais et qui me manque,

Et à mes parents, toujours.

SOMMAIRE

INTRODUCTION

“Des pouvoirs cosmiques phénoménaux dans un vrai mouchoir de poche !”

Je vous souhaite le bonjour, mon cher ami. Approchez, venez plus près… Bienvenue dans ce livre de magie et d’enchantement. Il semble que vous n’accordiez votre intérêt qu’aux objets particulièrement rares et j’ai ici de quoi faire votre bonheur. Ne vous fiez pas à son apparence ordinaire : ce n’est pas ce qui est à l’extérieur mais ce qui est à l’intérieur qui compte ! Or, ce livre est bien loin d’être banal, il peut même changer le cours de la vie d’un lecteur ! De fait : maintenant que vous avez posé les mains sur lui, vous avez libéré, sans le savoir, le génie de ses pages.

« Un génie dans un livre ? » Mais oui, lecteur ! Car dans cet ouvrage se trouve un condensé de la sagesse des plus grands magiciens de tous les temps. Aux côtés de Merlin l'Enchanteur ou de la Fée Bleue qui a donné vie à Pinocchio, ils figurent parmi les plus puissants. Qui sont-ils ? – Des philosophes.

« Quoi, de la philosophie ! Comment cette discipline si austère et si abstraite pourrait-elle nous charmer et nous rendre plus puissants ? » pensez-vous peut-être. Il est vrai que si l'on vous demandait un adjectif pour qualifier la philosophie, « magique » ne serait sans doute pas le premier à vous venir à l'esprit ! À la philosophie on associe plutôt les adjectifs : « complexe », « abstraite », « ennuyeuse ». À l'inverse, le monde merveilleux de Disney est une promesse de divertissement, de rire, de féerie, de joie. Philosophie et Disney semblent donc être deux termes antinomiques.

Eh bien, non ! Dans cet ouvrage, vous découvrirez comment ces grands dessins animés, leurs personnages et leurs chansons nous conduisent sans qu'il y paraisse vers les concepts les plus puissants de la philosophie ! Et quoi de plus réjouissant que de s'instruire sans y prendre garde, tout en se divertissant ? Contrairement à ce que pense Gaston, dans *La Belle et la Bête*, quelqu'un qui lit et qui pense n'est pas inutile. Le savoir est peut-être même la clé du bonheur !

Lecteur, je ne pense pas que tu aies vraiment compris ce que ce livre a à t'offrir, alors voici la liste – non exhaustive – des festivités qui t'attendent ici : Timon et Pumba te feront découvrir l'antique philosophie stoïcienne. Baloo te donnera une leçon d'épicurisme en chantant : « Il en faut peu pour être heureux. » Hadès et Frollo, les deux méchants d'*Hercule* et du *Bossu de Notre-Dame* t'initieront à la philosophie de Nietzsche. *La Belle et la Bête* t'apprendra à convertir ton regard vers l'intelligible comme le veut Platon. Cruella te conduira à te poser des questions d'éthique animale. Pocahontas te demandera qui sont les sauvages en parfait accord avec Montaigne. Mais l'on se demandera aussi si le développement des technologies n'implique pas l'élaboration d'une nouvelle morale avec *Wall-E* ou encore si Simba est libre d'écrire son histoire, lui qui s'inscrit dans le grand cycle de l'Histoire de la vie. On s'interrogera aussi sur ce qu'il faudrait demander à un génie ou encore s'il est moral de voler par nécessité avec *Robin des Bois*. De *Blanche-Neige* à *Zootopie*, de *La Petite Sirène* à *La Reine de Neiges*, nous allons parcourir ensemble les chemins du royaume merveilleux de Disney en y découvrant les nombreuses pépites de philosophie qui l'emplissent !

Alors, prêt à découvrir des pouvoirs cosmiques phénoménaux dans un vrai mouchoir de poche ? Que la magie commence.

I

"Rêve ta vie en couleurs."
Désir et bonheur

1

La Reine des Neiges

Lucrèce, Stendhal et la cristallisation amoureuse

> « La dernière fois que je lui ai présenté un homme, elle a transformé l'été en hiver. »

Bienvenue à Arendelle ! Les portes du château vont s'ouvrir ! Aujourd'hui la princesse Elsa a atteint l'âge d'être reine. C'est le jour de son couronnement ! C'est jour de fête ! Trois ans que les deux princesses vivent cloîtrées depuis que leurs parents, le roi et la reine, ont brutalement péri dans un naufrage. Aujourd'hui enfin leurs sujets aimants vont revoir leurs visages.

Avant la mort des souverains déjà, les petites princesses paraissaient peu en public. C'est que l'aînée des deux, la princesse Elsa, est dotée d'un pouvoir de naissance. Un pouvoir plein de beauté mais aussi plein de danger et qui ne fera que croître : celui de faire jaillir le froid et la glace de ses mains.

Avec ce pouvoir, Elsa formait, pour le plus grand plaisir de sa jeune sœur, des flocons de neige ou un bonhomme de neige. Émerveillée, la petite Anna rayonnait de bonheur. Mais hélas, un jour Elsa, maîtrisant mal son pouvoir, blessa sa sœur. Des trolls dotés de pouvoirs magiques durent, pour la sauver, effacer tous les souvenirs de magie qu'il y avait en elle. La jeune Anna ne devait plus se rappeler que sa sœur avait des pouvoirs. En outre, en attendant qu'Elsa parvienne à les maîtriser et pour la protéger, le roi ordonna la fermeture des portes. Il décida de limiter les serviteurs ainsi que ses contacts avec l'extérieur. Nul ne devait savoir qu'elle avait des pouvoirs.

Ainsi, du jour au lendemain, la porte d'Elsa fut fermée. Et sa petite sœur ne pouvait que pleurer, sans comprendre, derrière cette porte qui lui restait close. Auparavant, Anna et Elsa étaient sœurs et amies. Mais c'était fini. Anna aurait aimé savoir pourquoi. Elle demandait comme jadis à sa sœur un bonhomme de neige pour jouer avec elle. Anna manquait de compagnie. Elle était seule et elle s'ennuyait. De son côté, Elsa restait de glace tandis qu'Anna attendait que les heures passent.

Cette attente prend fin justement aujourd'hui, jour du couronnement ! La princesse Anna est ivre de joie. Voilà des années qu'elle vivait dans un sentiment de solitude. Elle est si heureuse qu'on ouvre enfin les volets dans le salon et qu'on laisse entrer cet air qui sent si bon. Anna se sentait si seule dans ces grands couloirs du château. Il n'y avait jamais de bal le soir. Elle avait tellement hâte que ça change ! C'est aujourd'hui que cela arrive et elle entend bien fêter ce renouveau !

Ce à quoi elle aspire le plus ardemment, c'est rencontrer l'amour. Peut-être ce soir sera-t-il le grand soir ! Peut-être va-t-elle enfin rencontrer l'homme de sa vie ! Ne redoutant aucun cliché, elle l'imagine apparaissant tout à coup, beau, troublant et devinant tout de sa vie comme de son âme. Ils parleront toute la soirée, émus et gênés. Oh, Anna sait bien que ce n'est pas raisonnable de rêver de romance…

L'amour est un cadeau !

Ce n'est pas raisonnable… mais c'est ce qu'il va lui arriver. Son nom ? Hans, prince des îles du Sud. Le hasard les conduit à se bousculer l'un l'autre. Elle tombe, il la relève. Elle parle tout haut et dit à Hans que cette situation est bizarre et qu'il est beau. Un aveu des plus directs.

Peu après, ils se retrouvent dans la salle du bal. Encore une fois, elle chute et il la rattrape. Décidément. Et tandis qu'ils partagent une valse, ils se confient. Explicitement, ils cèdent au désir de se dire des choses insensées. La vie n'était que portes fermées avant qu'ils ne se rencontrent. Leur vie n'était qu'ennui jusqu'à cette grande fête où leurs cœurs se régalent. Tous deux découvrent un sentiment nouveau : l'amour est cadeau. C'est merveille en effet que l'amour ! Comment expliquer qu'un inconnu vous ressemble autant et finisse toutes vos phrases ! Une seule explication : leurs âmes doivent être synchronisées.

Cette envolée lyrique s'achève sur une idée présentée pourtant comme des plus insensées : Hans demande à Anna de l'épouser. Cette dernière a une réponse plus insensée encore : elle accepte.

Tous deux se présentent alors devant Elsa pour lui demander sa bénédiction. La réponse de la nouvelle Reine est très claire : le jeune couple ne peut pas être sérieux. Personne n'épousera personne. On n'épouse pas un homme que l'on connaît à peine. Hans est invité à quitter les lieux. La fête est finie. On va fermer les portes.

Anna s'étrangle : qu'est-ce qu'Elsa peut connaître du grand amour, elle qui tourne le dos au monde entier ? Elle la prive de vivre le plus grand bonheur qui soit.

AINSI FONT LES HOMMES QUE LE DÉSIR AVEUGLE : ILS PRÊTENT À CELLES QU'ILS AIMENT DES MÉRITES IRRÉELS.

Peut-être bien, au contraire, qu'elle la sauve du plus grand malheur qui soit. C'est en tout cas ce que pense le philosophe Lucrèce, disciple d'Épicure qui, dès l'Antiquité, nous met en garde contre l'une des maladies les plus dangereuses qui soit : le désir amoureux. Pour le philosophe, l'amant est en proie à un délire. Frappé par l'amour, il ne voit plus clair. Il hallucine. Dans l'objet aimé, tout lui devient aimable. Il transfigure l'être aimé, le pare de qualités qu'il n'a pas, nie les défauts qui sont pourtant indubitablement les siens. L'amant ne voit plus clair : le coup de foudre l'a ébloui. Malheureux ceux qui sont amoureux : ils ne connaissent pas l'excès de leur misère !

L'analyse de Lucrèce nous enseigne que ce n'est pas l'objet qui, par sa valeur intrinsèque constatée par la pensée, fait naître le désir. Ce n'est pas Hans qui fait naître le désir en Anna. Comment le pourrait-il ? Elle ne le connaît pas.

Tout au contraire, c'est le désir qui est premier, précédant la pensée, précédant même la rencontre de l'objet ! Le désir est une sorte de dynamisme premier qui ne s'investit que secondairement sur des objets. Anna ne voulait-elle pas tomber amoureuse avant même que de savoir sur qui elle ferait porter cet amour ?

Mais, s'il en va ainsi, on comprend mieux le caractère problématique du désir. Si l'objet n'entre en rien dans le désir qui porte sur lui – sinon à titre de prétexte –, alors pèse sur le désir la menace de la mauvaise rencontre, du mauvais choix ou de l'erreur ! La dimension passive dans l'élection de l'objet du désir fait de ce dernier un sujet de méfiance.

C'est ce que Stendhal désignera plus tard du nom de « cristallisation ». Il s'agit d'un processus d'altération positive que le regard désirant fait subir à l'objet désiré. Il raconte que, dans les mines de sel de Salzbourg, on jette dans les profondeurs abandonnées de la mine un rameau d'arbre effeuillé par l'hiver. Bref : un bout de bois sec. Lorsqu'on le retire pourtant, il est couvert de cristallisations brillantes. Il scintille de mille feux. Nul ne pourrait reconnaître le rameau primitif.

En amour, la cristallisation, c'est l'opération de l'esprit qui pare l'objet aimé de mille qualités illusoires. Quand on est amoureux, il suffit de penser à une perfection pour la voir dans ce que l'on aime. Mais cette cristallisation ne dure qu'un temps : tôt ou tard, le réel se rappelle à lui et l'amant découvre alors avec stupeur la réalité objective de l'objet de son désir. L'imaginaire se révèle dans sa dimension factice.

Voilà bien une raison de se méfier de la passion et de la fuir, elle qui nous fait vivre une sorte de délire hallucinatoire ! Au fond, l'objet du désir n'est pas vu pour ce qu'il est réellement. L'amour est une sorte d'opérateur de transmutation du réel.

Les témoins de l'amour déplorent donc l'aveuglement dans lequel est pris l'amant qui croit aimer telle personne, pour l'imaginer dotée de telle ou telle qualité, mais qui, en réalité, méconnaît radicalement l'objet de son désir. Car l'objet du désir (ce qu'il est réellement) n'entre pour rien dans la naissance du désir qui s'attache à un objet fictif.

Ce n'est pas raisonnable de rêver de romance.

Kristoff, le jeune tailleur de glace rencontré par Anna tandis qu'elle essaie de retrouver sa sœur, fait ainsi preuve de sagesse lorsqu'il se rit du fait qu'elle ait voulu épouser un homme qu'elle venait de rencontrer. Ses parents ne lui ont-ils donc jamais appris à se méfier des inconnus ? Anna riposte : Hans n'est pas un inconnu. Quel est son nom ? lui demande-t-il alors. Hésitation d'Anna : « Euh, des îles du Sud. » Quel est son plat préféré ? Réponse au hasard : « Le sandwich. » Le prénom de son meilleur ami. Réponse probable : « Il doit s'appeler John. » La couleur de ses yeux ? Réponse révélatrice : « Trop beaux ! » Autrement dit : Anna ne se rappelle même plus de quelle couleur sont les yeux de l'homme qu'elle allait épouser. Lorsque Kristoff lui fait remarquer qu'elle ignore la pointure de ses chaussures et sa façon de se tenir à table, elle a pour toute réponse qu'Hans est un prince. Bref, elle lui accorde une confiance *a priori*. Démenti de Kristoff : « Les princes, ce sont les pires. »

Il a raison : Hans révélera sa nature machiavélique et ses sombres projets. Il est le treizième héritier, aussi dans son royaume il n'avait aucune chance d'accéder au trône. Ce n'est que par le mariage qu'il pouvait espérer régner un jour. Elsa était mieux placée bien sûr pour accéder rapidement au pouvoir mais elle était tellement inaccessible alors qu'Anna… Naïve et désespérant tellement de trouver l'amour, elle était prête à l'épouser sur-le-champ. Après leur mariage, un petit accident aurait suffi pour écarter Elsa. Mais cette dernière s'est condamnée elle-même en dévoilant ses pouvoirs, et Anna a été assez sotte pour partir à sa recherche. Désormais Hans n'a plus qu'à tuer la reine et à ramener l'été. Il sera le héros qui a sauvé Arendelle d'une terrible destruction.

L'amour qui sauvera nos héroïnes ne sera donc pas l'amour d'un prince mais l'amour qu'elles se portent l'une à l'autre. Se sacrifiant pour sauver sa sœur en un véritable geste d'amour sincère, Anna se sauvera elle-même.

Et si, au fond, le pouvoir d'Elsa, Reine des Neiges, créatrice de merveilleux cristaux de neige, c'était aussi celui de maîtriser ses désirs ? Elsa est celle qui crée la cristallisation et non pas celle qui la subit. Elle ne sera pas, comme sa sœur, victime de la maladie du désir. Elle demeure maîtresse de sa vie. Un pouvoir empreint de philosophie en somme.

Notes :

LUCRÈCE, *De la nature des choses.*
STENDHAL, *De l'amour.*

2

AlAddiN

Que faut-il demander à un génie ?
Montaigne et la question du bonheur

> « Ça va faire boum, au feu, tout ce qui te chante, tu peux l'avoir en frottant cette lampe. »

Trahi par l'odieux Jafar qui l'a conduit dans la caverne aux merveilles pour qu'il y récupère une lampe magique, le jeune Aladdin s'y trouve enfermé, sans espoir de salut. Heureusement, le singe rusé qui accompagne le prince des voleurs, le fidèle Abu, a dérobé *in extremis* la fameuse lampe que convoitait le grand vizir.

Cette lampe ressemble à n'importe quelle lampe. Elle est d'une apparente banalité. Mais comme tant d'autres choses, comme l'homme lui-même qui la tient désormais entre ses mains, ce n'est pas ce qui est à l'extérieur mais ce qui est à l'intérieur qui compte. Ce n'est pas n'importe quelle lampe et elle va changer le cours de la vie d'Aladdin. En effet, comme il ne parvient pas à lire l'inscription qui se devine dessus, il la frotte et surprise : un génie, coincé à l'intérieur depuis dix millénaires, en surgit !

Aladdin, le jeune mendiant, se retrouve riche d'un pouvoir extraordinaire. Car si Ali Baba a quarante voleurs et Shéhérazade mille histoires de cœur, Aladdin possède désormais quelque chose de bien plus fort : un génie qui lui offre la possibilité d'accomplir par trois fois n'importe lequel de ses vœux. Enfin quasiment… Il y a « un ou deux alter ego, deux ou trois sine qua non ». Règle numéro 1 : le génie ne peut tuer personne. Règle numéro 2 : le génie ne peut pas faire naître l'amour. Règle numéro 3 : le génie ne ressuscite pas les morts. Ce serait un manque de savoir vivre, explique-t-il. Mis à part cela, le maître de la lampe peut obtenir tout ce qui lui chante !

Qui ne rêverait pas de posséder pareille lampe ? Qui ne s'est pas imaginé à la place d'Aladdin et n'a pas cherché quels seraient les vœux qu'il adresserait au génie ? Une chose est sûre : tous, nous poursuivons le bonheur. C'est le but de toutes nos actions. En possession d'une telle lampe, nous viserions donc tous la même chose à travers nos vœux mais nous différerions quant au contenu que nous leur donnerions.

Nous ferions des vœux différents mais ils serviraient une même finalité. Si nous souhaitons atteindre le bonheur, que faut-il demander au génie de la lampe ? Comment atteindre le bonheur ? Et si seul un philosophe averti pouvait faire bon usage de la lampe ?

Génie, je souhaite que tu fasses de moi un prince !

Si Aladdin est entré dans la caverne aux merveilles, c'est mû par l'appât d'un trésor qui, à ses yeux, lui permettrait de conquérir le cœur de la princesse Jasmine dont il s'est épris plus tôt dans la journée. Quand elle apparaît dans les rues d'Agrabah, Aladdin ignore que cette ravissante demoiselle est la fille du sultan. S'ils se rencontrent, c'est parce que Aladdin la sauve d'un marchand vindicatif qui s'apprêtait à lui couper une main pour une pomme qu'elle avait prise sur son étal sans la payer.

Croyant avoir affaire à une mendiante, il ne craint pas de lui révéler sa condition et la conduit dans ce qui lui sert de maison : un recoin sur les toits d'Agrabah. Ils dévoilent alors tous deux leur sentiment d'être comme prisonniers dans leur propre existence et s'étonnent de se découvrir si semblables l'un à l'autre. Un sentiment spontané d'évidence les unit. Cette scène de rencontre amoureuse est, hélas, interrompue par l'arrivée des gardes qui, sur ordre de Jafar, viennent arrêter Aladdin. C'est alors qu'Aladdin découvre que la mystérieuse jeune femme n'est autre que la princesse Jasmine.

Enfermé dans les geôles du palais, Aladdin paraît moins furieux d'être prisonnier que d'avoir montré à Jasmine qu'il n'était qu'un mendiant. Il semble tenir pour inévitable que sa condition lui interdit désormais tout espoir auprès d'elle non pas seulement objectivement (parce que la loi imposerait à la princesse d'épouser un prince) mais aussi subjectivement (comme si la possession de richesses était un critère nécessaire pour que Jasmine engage son désir envers lui). Ainsi, lorsque Aladdin formule son premier vœu, il demande au génie de faire de lui un prince.

Aussitôt le génie transforme Aladdin en prince Ali et lui offre une entrée en fanfare dans Agrabah. Il pare Aladdin d'un physique athlétique, de richesses colossales, de biens matériels en grand nombre. Le prince Ali qui entre dans Agrabah n'a, extérieurement, plus rien de commun avec Aladdin. Le peuple tout entier, attiré par le chant du génie sur le chemin du cortège, est emporté par l'enthousiasme. C'est que le prince Ali a un physique magnétique : aussi tout le monde s'évanouit-il devant lui.

Jasmine elle-même, attirée par la musique, observe l'entrée du prince Ali et écoute les arguments mis en avant par le génie pour justifier sa prétention à être aimé d'elle : il a deux cents singes persans, des serviteurs et des esclaves qui travaillent pour lui, c'est le plus grand, on lui obéit et chacun donnerait sa vie pour le prince Ali. Ce n'est pas tout : il a trente éléphants qui jouent les acrobates, des ours et puis des lions, quarante fakirs, des oiseaux qui crient. Oui, telle est la magnificence du prince Ali.

Si le sultan applaudit cette entrée en fanfare qu'il trouve splendide et absolument merveilleuse, on ne peut pas en dire autant de Jasmine. L'orgueil de ce énième prétendant qui entend la séduire sur la liste de ses avoirs écœure la princesse. Ni sa beauté physique qui semble faire des ravages ni l'immensité de ses richesses ne retiennent son attention.

Elle qui s'était éprise du mendiant Aladdin demeure indifférente aux qualités du prince Ali. Voilà qui nous interroge sur les conditions d'apparition du désir. Est-il affaire de critères objectifs et rationnels, énonçables *a priori* ? Pour être désirable, s'agit-il d'*avoir* (un beau corps, des biens matériels, etc.) ou bien plutôt d'être ? Le désir est-il soluble en équation de sorte que, se rendant maître de qualités extérieures, on devienne désirable ? On le voit : ce qui fait naître le désir, ce ne sont pas les biens du prince Ali mais le rêve bleu, immatériel, offert à Jasmine par Aladdin. Sur le tapis volant, Aladdin et Jasmine entonnent ensemble *Ce rêve bleu* qui obtiendra l'oscar de la meilleure chanson originale en 1993 (*A Whole New World*).

Aladdin s'est donc clairement trompé en faisant le vœu de devenir un prince. Pourquoi a-t-il commis cette erreur ? Il cherchait le bonheur et croyait le trouver dans la possession de qualités qui lui faisaient défaut. Il aurait dû, avant de faire son vœu, lire les *Essais* de Montaigne.

Le jouir, et non le posséder, nous rend heureux.

À en croire le philosophe, le bonheur tient à une évaluation que l'on porte sur soi-même et sur sa propre vie. Nous ne pouvons être heureux, nous ne serons heureux que si nous jugeons l'être. Quel paradoxe ! Rien ne nous séparerait du bonheur que nous-mêmes ! Le bonheur ne viendrait donc pas du dehors par l'obtention ou la possession de choses extérieures qui nous feraient défaut pour être heureux. Le bonheur viendrait du dedans à partir du moment où nous donnons notre accord à ce que nous sommes. « Chacun est bien ou mal selon qu'il s'en trouve », écrit Montaigne. C'est parce que nous pensons être heureux que nous le sommes.

Les insensés, comme Jafar ou même Aladdin, pensent qu'ils ont besoin pour être heureux de ce qu'ils n'ont pas. À raisonner ainsi leur vie se déroule comme une poursuite qui ne peut avoir de terme. Jafar et Aladdin ne voient pas qu'ils ont tout ce qu'il faut pour être heureux, que le don de l'essentiel leur est toujours fait, car le bonheur ne tient pas à ce qu'ils possèdent mais au jugement qu'ils portent sur eux-mêmes.

Aladdin se juge indigne de Jasmine. Jafar considère que sa vie ne fait pas sens tant qu'il ne sera pas sultan. De la même manière, la vie des hommes insensés est toute tournée vers l'avenir. Ils se consument en projets. Ce faisant, comme l'explique le philosophe Pascal, ils passent à côté du seul véritable bien, du seul temps qui leur appartient en propre : le présent. Or, ce temps présent, qui est leur bien le plus précieux, ne constitue jamais leur fin. Ils sont tout occupés à l'avenir. Ainsi, ils ne vivent pas mais espèrent vivre et tandis qu'ils se disposent toujours à être heureux, il est inévitable qu'ils ne le soient jamais.

Jafar considère que ce qui justifierait sa vie serait de devenir sultan. Mais dès qu'il le devient, cela ne lui suffit plus. Il lui faut être le plus grand sorcier de l'univers. Et quand il le devient, il souhaite alors devenir le génie le plus puissant du monde. L'insensé, qui conçoit le bonheur comme la possession de biens matériels extérieurs, est donc pris dans une spirale sans fin puisqu'il place son bonheur en dehors de lui-même. Jafar finit enchaîné, enfermé dans la lampe même, métaphore de l'homme aliéné par l'image même qu'il se fait du bonheur.

Certes le bonheur est un but valable – il est même le but de tous les buts, le souverain bien – mais en vérité, il n'est pas un but. Il ne saurait être « trouvé » ou « obtenu ». Être heureux ne suppose qu'une conversion : il faut avoir compris que rien ne nous sépare du bonheur que nous-même. Avoir compris en somme qu'il n'est nul besoin de génie.

Les insensés sont toujours malheureux car ils se pensent séparés de ce qui ferait leur bonheur. Le sage, à l'inverse, est toujours heureux car il a compris que le bonheur n'est pas dans un rapport à autre chose que soi mais dans un rapport à soi-même. Aladdin ne devient véritablement heureux que lorsqu'il assume ce qu'il est devant Jasmine et ne cherche plus à lui dissimuler sa condition. En vérité, il n'avait nul besoin de génie.

Notes :
MONTAIGNE, *Essais*.
PASCAL, *Pensées*.

3

Le Livre de la jungle

Cultivons les désirs nécessaires !
Baloo, porte-parole d'Epicure

> « Tout est résolu lorsque l'on se passe des choses superflues. »

Nombreuses sont les histoires sur la jungle de l'Inde mais aucune n'égale en singularité celle d'un petit garçon nommé Mowgli. Cette histoire commença par un cri. Dans le silence de la forêt un bruit inédit se fit entendre. C'était un cri que l'on n'avait encore jamais entendu dans cette partie reculée de la jungle. C'était le cri d'un petit d'homme.

Le bébé fut découvert par une panthère, Bagheera. Sans aucun soin, il allait mourir. Or, le village habité par des hommes le plus proche se trouvait à des jours de marche. Bagheera eut alors une lumineuse idée. Un ménage de loups qu'il connaissait venait d'avoir une portée de beaux petits louveteaux. Ils adoptèrent l'enfant sans tarder.

La saison des pluies étant passée dix fois, Mowgli, qui avait grandi, était devenu un jeune enfant chéri par ses parents et adoré par ses frères loups. Bagheera qui venait souvent l'observer jugeait même qu'aucun fils d'homme n'avait été aussi heureux. Et pourtant, il était écrit qu'un jour, Mowgli devrait retourner vers ses semblables.

Un soir, le conseil des loups fut réuni en urgence. Le tigre, Shere Khan, avait été aperçu chassant dans la jungle. Cette assemblée allait bouleverser la vie de Mowgli. Les loups décidèrent à l'unanimité que Mowgli devait retourner parmi les hommes. C'est Bagheera que l'on chargea de cette mission.

Sur leur route, Bagheera et Mowgli croisèrent d'abord un vicieux serpent doué du don d'hypnose. Ils rencontrèrent aussi un drôle de régiment d'éléphants mené par un commandant rigoriste. Mais la rencontre la plus étonnante qu'ils firent fut celle d'un philosophe. Oui, un philosophe, au milieu de la jungle ! Vous ne voyez pas ? Il s'agit de l'ours Baloo, bien sûr !

À en croire Bagheera pourtant, Baloo n'est que le gros lourdaud bouffi de la jungle. Et alors que Baloo donne à Mowgli une leçon de combat, Bagheera juge qu'il est un très mauvais professeur. Un mauvais professeur de combat peut-être… mais c'est que Baloo est en vérité un professeur de philosophie !

Il en faut peu pour être heureux.

En effet, la leçon de combat est aussitôt suivie d'une leçon de vie. Puisque Mowgli est menacé et va avoir besoin de savoir comment survivre, notre ours philosophe décide alors de lui apprendre tout ce qu'il sait. Et tout ce qu'il sait tient en une maxime lapidaire : « Il en faut peu pour être heureux. » Tout ce qu'il faut savoir tient dans cette phrase. C'est peu ? Mais c'est simplement qu'il faut la comprendre !

Lorsque Baloo soutient qu'il en faut peu pour être heureux, il veut dire que l'on peut et que l'on doit apprendre à se satisfaire du nécessaire. Et qu'est-ce qui est nécessaire en vérité ? Un peu d'eau fraîche et de verdure que la nature, généreuse, nous procure d'elle-même. Quelques rayons de miel et de soleil. Voilà la clé du bonheur. Savoir réformer ses désirs en sorte d'apprendre à jouir de l'essentiel sans sombrer dans la quête qui ne saurait être achevée d'une maximisation permanente.

Pourquoi rêver d'un château quand on peut dormir sous les frondaisons ? C'est toute la jungle qui, de Baloo, forme la maison. Et les abeilles qui butinent ici et là œuvrent pour lui donner le miel qui lui est nécessaire et suffisant.

Les hommes sont malheureux car ils sombrent dans une quête de l'illimité alors qu'en vérité, il en faut très peu pour être heureux. Un homme inquiet ne saurait être dit heureux. Le bonheur consiste dans la quiétude. Pour l'atteindre, il faut donc appliquer la recette de Baloo et chasser de notre esprit tous nos soucis. Oui, il faut rire et sauter et danser et chanter !

Ajoutons qu'il faut se garder de convoiter des biens dont le plaisir qu'ils procurent sera mêlé à de la souffrance. Cueillir une banane se fait simplement mais en revanche, si le fruit de nos rapines est tout plein d'épines, alors le plaisir s'en trouve altéré. Si l'on chipe des fruits sans épines, nul besoin de faire attention. Ainsi, il faut choisir encore une fois le bon objet du désir c'est-à-dire celui qui nous procurera le plaisir le plus pur qui soit.

Lorsque l'on a appris ainsi à se satisfaire du nécessaire et que l'on sait se passer de choses superflues, on est un ours très bien léché. Autrement dit : on est heureux.

Parmi nos désirs les uns sont naturels, les autres vains.

Quoi de plus philosophique ? Baloo est le porte-parole dans la jungle d'un philosophe de l'Antiquité qui s'appelle Épicure. Pour ce dernier, comme pour notre ours philosophe, le souverain bien, c'est le bonheur. Et le bonheur, c'est le plaisir. Pas n'importe quel plaisir toutefois : celui que procure l'absence de troubles, c'est-à-dire l'absence de souffrances physiques et morales.

Pour atteindre ce souverain bien, il faut philosopher, nous apprend Épicure. Si le bonheur dépend du choix que nous ferons d'un bon objet de désir, il faut s'exercer à reconnaître en toutes circonstances ce qu'il convient de choisir comme ce qu'il faut rejeter. Et la philosophie consiste précisément dans cet exercice du jugement. Elle nous enseigne que si l'on ne vit pas avec prudence et vertu, on ne vit pas agréablement.

Épicure, comme Baloo, expose sa sagesse dans de courts textes et dans des maximes. C'est que, pour être profonde et efficace, une philosophie n'a pas besoin ni d'être austère ni si longue qu'il faille des années pour la découvrir ! Il en faut peu pour philosopher. Quelques leçons de philosophie devraient pouvoir nous délivrer de ce qui fait notre malheur.

L'une de ces leçons est la suivante : il en faut peu pour être heureux ou plutôt il faut se rendre compte que parmi nos désirs les uns sont naturels et les autres sont vains. La clé du bonheur réside dans le choix de ne s'adonner qu'aux désirs naturels.

La différence entre les deux ? Les désirs naturels sont bornés ; les désirs vains sont illimités. Une nourriture sobre apaise la faim, une boisson étanche la soif. Voici des désirs naturels. Mais on ne sera jamais assez riche ou célèbre ou puissant. Voilà de vains désirs. Ainsi celui qui vit conformément à la nature sera-t-il toujours pleinement riche et celui qui s'adonne à la recherche de vains désirs sera-t-il toujours pauvre.

Il y a bel et bien un ascétisme chez Épicure, contrairement à l'image commune selon laquelle les épicuriens seraient des pourceaux voués à la quête des plaisirs. Mais cet ascétisme n'est pas un rejet du plaisir : au contraire, il apprend à choisir ses plaisirs afin que ces derniers demeurent exclusivement des plaisirs. L'obtention d'un désir vain peut nous réjouir mais elle n'est jamais plénitude et en ce sens, elle est toujours mêlée de souffrance.

La sagesse veut que l'on apprenne à se contenter de peu et à jouir de ce que la nature dans sa prévoyance nous offre spontanément. Un homme qui n'aurait ni faim, ni soif, ni froid peut, à en croire Épicure, rivaliser de félicité avec les dieux – à condition bien sûr que son esprit ne se soit pas égaré dans l'espérance d'atteindre une satisfaction dans la recherche de désirs vains et illimités !

Il faut se satisfaire du nécessaire.

C'est pourquoi, pour atteindre le bonheur, il est crucial d'apprendre qu'il en faut peu pour être heureux. Autrement dit : il faut rechercher uniquement les désirs naturels. Les insensés sont ceux qui ne savent pas se contenter de ce qu'ils ont. Ils ne connaissent et ne connaîtront jamais la satisfaction. Aussi vaut-il mieux dormir sans troubles sur une paillasse ou dans la jungle comme Baloo plutôt qu'être agité en dormant sur un lit d'or comme le prince Jean dans *Robin des Bois*.

Espérons que le jeune Mowgli revenu parmi les hommes ne se laisse pas abîmer par eux comme le redoute Baloo. « Ils vont le gâcher ! Ils vont faire de lui un homme ! » s'écrie-t-il lorsqu'il apprend que le petit d'homme devra retourner parmi les siens. Espérons que Mowgli n'oubliera pas les leçons qu'il a apprises de ce philosophe épicurien inattendu que fut son Papa Ours. Ne les oublions pas non plus nous qui vivons d'ores et déjà parmi eux. Quand on est jeune, il ne faut pas attendre pour philosopher et quand on est déjà vieux, il ne faut pas se lasser de le faire. Alors, comme le veut Épicure, rions, sautons, dansons et surtout chantons : « Il en faut peu pour être heureux ! »

Note :
ÉPICURE, *Lettre à Ménécée.*

4

La Petite Sirène

Ariel et Flaubert : l'illusion du bonheur

> « Un jour viendra, je partirai, je partirai sans aucun regret. »

Si vous prenez le bateau et que la journée est belle, que souffle une bonne brise marine et que la mer est idéale, le roi Triton est fatalement d'une humeur très amicale. C'est la pure vérité : à dix brasses au-dessous de la surface de l'océan tout un monde vit dans un palais comme vous n'en avez jamais vu, le palais du roi Triton, roi du peuple marin. Tout marin qui se respecte en a entendu parler. C'est un monde merveilleux : dans l'océan parfumé, ils font carnaval tous les jours. Mieux on ne pourrait pas trouver.

Pourtant la dernière des filles du roi Triton, Ariel, est indifférente à la beauté de son royaume. Fascinée par le monde des humains, elle conserve dans une petite caverne secrète tous les objets qu'elle a pu récupérer dans des épaves de navire. On y trouve ainsi en vrac des fourchettes, des vases, des miroirs, des boîtes, des livres ou encore des lunettes... Son activité favorite est en effet de chiner – à ses risques et périls – dans les épaves à la découverte de nouvelles merveilles. Quand elle y découvre un objet, elle se rend aussitôt à la surface demander à Eurêka, un goéland prétendument savant, quelle est sa fonction. Ainsi une fourchette devient « un objet très rare et follement original » qu'il baptise « zirgouflex », objet dont les humains se servent, selon lui, pour ratisser leurs poils de tête. Une simple pipe à tabac devient une « bigette bulbeuse à rayures » datant de l'époque « pré-histérique » (*sic*) qui servirait à faire de la musique. Sa passion est telle qu'elle en oublie ses obligations de princesse – trop occupée à collecter de nouveaux objets du monde des humains.

Partir là-bas !

Ariel, pourtant, sait bien que les fées l'ont comblée. Elle se sait bien trop gâtée par la vie. Entourée de trésors, de merveilles, elle sait qu'aux yeux de tout autre ses richesses brilleraient comme des soleils. Chacun considérerait que la vie d'Ariel est un paradis quand, pour elle, au contraire tout autour d'elle l'indiffère et l'ennuie. Ce qu'elle voudrait ? – Parcourir le monde. Ce qu'elle voudrait ? – Voir le monde danser. Les hommes marchent, les hommes courent : elle veut, comme eux, pouvoir aimer au grand jour. À l'en croire, on n'avance qu'en marchant sur ses deux pieds tandis qu'on ne va réellement nulle part en battant des nageoires. Ne faut-il pas des jambes pour sauter et danser ? Ariel donnerait tout ce qu'elle a pour quitter le monde marin et « partir là-bas », caresser les grains dorés du sable chaud. D'ailleurs, pour elle, ce rêve n'est pas une chimère : un jour viendra, elle s'en ira, elle s'en ira sans aucun regret vivre sur terre.

Ce rêve devient plus pressant quand, un soir, Ariel surprend un navire qui fend la mer. Une fête y est donnée. La musique retentit, les hommes dansent et un feu d'artifice est tiré. Ariel observe avec fascination le spectacle. Jamais elle n'avait vu des hommes d'aussi près. L'un d'entre eux attire plus particulièrement son regard : le prince Éric. Lorsque la foudre frappe le ciel et que le navire est pris dans la tempête, Ariel sauve la vie du jeune prince. Elle le ramène à terre sur les rives de son royaume. Elle lui caresse le visage tandis qu'il demeure inconscient. Elle ne sait pas pourquoi elle l'aime mais elle est prête à l'aimer malgré cette ignorance. Lorsqu'elle regagne l'océan, elle n'a plus pour seul désir que de vivre à ses côtés et pour seul espoir de rester près de lui.

Pourtant, toute communication entre le monde humain et le monde marin est formellement interdite. D'ailleurs, à en croire son père le roi Triton, tous les humains se ressemblent : ils sont féroces, sauvages, mangeurs de poissons, lanceurs de harpons, incapables de sentiments. Il ne peut comprendre le rêve de sa fille qu'il entend protéger d'elle-même. Pour lui, le rêve d'Ariel est une promesse de malheur. Ariel a contracté une maladie : le bovarysme.

Le bonheur est un mythe inventé par le diable pour nous désespérer.

Dans sa correspondance, Flaubert écrit qu'il hait la recherche du bonheur qu'il juge être une manie médiocre et dangereuse. Il suggère même que le bonheur est un mythe inventé par le diable pour nous désespérer : croire au bonheur est le meilleur moyen d'être profondément malheureux. Pour nous le prouver, il écrit un roman, *Madame Bovary*. Le personnage éponyme de son roman, Emma, est une femme qui va mourir d'avoir cru au bonheur. C'est à partir d'elle qu'on nomma « bovarysme » la maladie qui consiste à ne pas se satisfaire du réel.

Quelle est, rapidement, l'histoire de la jeune Emma ? Ayant grandi dans un pensionnat où elle se nourrissait de littérature romantique, Emma entre dans le monde avec l'espérance qu'il soit aussi beau que dans les livres. Son mariage avec le médecin Charles Bovary est ainsi la promesse d'une vie merveilleuse ! Mais sa vie auprès de lui se révèle, à l'usage, inévitablement commune : elle passe de longues journées à l'attendre pour que, en fait de conversation lyrique, il ne lui raconte que les maladies de ses patients. Aussi, bien qu'étant aimée par un honnête homme, Emma est déçue. Le bonheur qu'elle aurait dû éprouver du fait de cet amour ne vient pas. Elle a dû se tromper ! Elle aspire à connaître la félicité, la passion et l'ivresse dont parlent les romans d'amour. Elle prend alors un amant. Avec lui, croit-elle, ce sera enfin comme dans les livres ! Mais il en va de lui comme du mari : déception. Que fait-elle ? Un autre amant ! Et derechef, déception. Sauf que, cette fois, ayant mis sa famille à crédit pour couvrir ses dépenses, elle entre dans la pharmacie voisine, dérobe de l'arsenic et met fin à ses jours dans un final du roman aussi grandiose que douloureux.

Quelle leçon Flaubert nous délivre-t-il à travers cette histoire ? Ce qui tue Emma Bovary, c'est *l'idée* du bonheur, c'est l'idée que le bonheur existe quelque part comme état de plénitude. Car alors ce qu'elle vit est toujours forcément décevant. Voilà ce en quoi consiste le bovarysme : l'incapacité à se satisfaire d'un réel qui paraît toujours déficient au regard d'un imaginaire merveilleux que l'on s'est construit. Le bovarysme, c'est la certitude du malheur.

Le roseau est toujours plus vert dans le marais d'à côté.

N'est-ce pas de la même maladie que semble souffrir la jeune Ariel lorsqu'elle chante *Partir là-bas* ? C'est du moins ce que pense également Sébastien, un crabe musicologue très distingué auprès de Sa Majesté le roi Triton. Chargé par le roi de surveiller la jeune Ariel, il désapprouve ses aspirations en un ailleurs qu'il juge purement imaginaire.

Pour lui, Ariel semble manifestement habitée par la même illusion qu'Emma Bovary : incapable de se satisfaire de ce qu'elle possède, alors même qu'elle avoue posséder ce qui ferait dire à tout autre qu'elle a tout ce que l'on peut désirer, elle souhaite quitter l'endroit où elle vit pour connaître un bonheur plus grand encore.

Pour Sébastien, il faut se garder de croire que l'ailleurs offre ce dont est dépourvu le réel. Il faut, au contraire et précisément, aimer notre réel. C'est ce qu'il tente d'expliquer à Ariel dans sa chanson *Sous l'océan* qui est une réplique directe au *Partir là-bas* d'Ariel. Le roseau est toujours plus vert, lui explique-t-il, dans le marais d'à côté. C'est pourquoi Ariel aimerait bien vivre sur terre mais, en vérité, ce serait une calamité ! Il faut qu'elle apprenne à mieux voir et à aimer le monde qui l'entoure dans l'océan parfumé. Sous l'océan, tout le monde est heureux. Pendant que, là-haut, les humains bossent toute la journée, eux plongent comme des éponges, sur des rythmes endiablés.

La vieille sorcière des mers, Ursula, profite de l'illusion d'Ariel qu'elle qualifie de pathétique : pour atteindre le roi Triton, elle se joue de la naïveté de la jeune princesse en lui offrant trois jours dans le corps d'une humaine pour prix de sa voix. Si, au terme des trois jours, Ariel ne s'est pas fait aimer du prince, son âme appartiendra à Ursula.

Il est vrai qu'Ursula connaît un peu de magie, c'est un pouvoir qu'elle a toujours possédé. Aujourd'hui par bonté d'âme, proclame-t-elle à Ariel, elle l'engage au service de toutes les âmes en perdition. Elle prétend les défendre mais en vérité elle prospère en tirant profit de la vulnérabilité de ces cas désespérés. L'un, se jugeant trop épais, rêve d'être un squelette tandis qu'un autre, esseulé, cherche une amourette. Et Ursula leur vend la réalisation de leur rêve. Mais le rêve a un prix : il suffit de regarder les suppliciés qui sont prisonniers dans sa caverne. Les damnés prisonniers d'Ursula sont ceux qui ont souhaité ce qu'ils n'avaient pas. Ce sont des malades du bovarysme. Leurs rêves les ont conduits à la damnation.

Si Ariel échappe finalement aux griffes de la vieille sorcière, elle ne le doit qu'à l'intervention du roi son père qui se sacrifie pour elle. Si son bovarysme ne la détruit pas, combien l'ont été ? *La Petite Sirène* de Disney, sans nous terrifier par la fin dramatique du conte d'Andersen à laquelle nous échappons *in extremis*, nous met néanmoins sérieusement en garde.

Et si au fond *La Petite Sirène* tendait un miroir ? Car les lectures romantiques d'Emma Bovary ce sont bel et bien les dessins animés de notre enfance ! Disney nous invite à rêver mais en précisant l'usage du rêve qui nous est offert : ce dernier doit nous aider à percevoir la magie présente dans notre vie plutôt que de déprécier notre quotidien au nom d'un ailleurs purement imaginaire. L'imaginaire doit être au service du réel.

Notes :

FLAUBERT, *Correspondance*.
FLAUBERT, *Madame Bovary*.

5

Le Roi Lion

“Hakuna matata”, un mantra stoïcien

> « Si tu t’exerces à vivre seulement ce que tu vis, c’est-à-dire le présent, tu pourras vivre sans troubles. »

Le roi Mufasa son père est mort. Et c’est sa faute. Voilà ce que son oncle Scar lui a dit. C’est lui Simba qui est le coupable de cet événement funeste. Sans lui, Mufasa serait encore en vie. Qu’est-ce que sa mère dira ? Que doit-il faire ? demande le jeune lionceau bouleversé. Son odieux oncle lui assène alors qu’il doit se sauver, partir et ne jamais revenir. Simba s’exécute. Scar lance aussitôt derrière lui trois hyènes affamées avec pour ordre de le tuer.

Au terme d’une course effrénée, le jeune Simba leur échappe en entrant dans le désert où il s’effondre, inanimé. Il serait mort s’il n’avait été découvert par deux étranges personnages, Timon et Pumba, qui décident de le sauver pour s'en faire un allié.

Quand Simba revient à lui, il ne témoigne nulle joie d'avoir été sauvé. Et tandis que ses nouveaux amis l'interrogent, il leur apprend qu'il ne peut plus revenir chez lui. Il a fait quelque chose d'épouvantable et, à défaut de pouvoir changer le passé, il n'y a rien à faire. Réponse immédiate de Pumba qui prétend énoncer la philosophie de son ami Timon : « On ne revient jamais en avant ! » Devant une telle déformation de sa pensée, Timon est obligé de s'expliquer. La vraie maxime qui exprime sa philosophie est : « On ne revient jamais en arrière. » Il interroge alors Simba : si les choses tournent mal, peut-on y faire quelque chose ? – Non, répond le lionceau. Erreur ! signale le maître : quand le monde entier te persécute, tu te dois de persécuter le monde ! Timon lui enseigne alors le mantra suivant : « Hakuna matata. » Que veut dire cette drôle de phrase ? Elle veut dire : pas de soucis !

Ce mot signifie que tu vivras ta vie sans aucun souci !

« Hakuna matata », mais quelle phrase magnifique ! Quel son féerique ! Ces mots signifient que l'on vivra sa vie sans aucun souci. Voilà leur philosophie ! « Hakuna matata », tel est leur « crado », lui apprend Pumba... Mais non : leur « credo », corrige Timon ! C'est facile, ces deux mots – qui peuvent sembler insignifiants – régleront tous les problèmes de Simba.

Et de fait, le petit lion se laisse gagner par l'esprit du mantra. Sa peine semble le quitter et les jours paraissent s'écouler dans une quiétude totale dans cette oasis au cœur du désert. Nos trois héros jouissent d'un bonheur parfait et plein.

Il faut donc croire que ces mots et la pensée qu'ils renferment sont très puissants. N'ont-ils pas réussi à libérer le jeune Simba de son affliction et à le convertir au bonheur ? La pensée aurait-elle le pouvoir d'aider à vivre ?

L'intelligence libre de passions est une citadelle.

Telle est l'opinion d'autres philosophes que Timon et Pumba : les Stoïciens. Pour eux, la philosophie obéit à une finalité très précise : nous donner les moyens d'être heureux. La philosophie est une thérapeutique qui, en soignant les maux dont nous souffrons, nous permet d'atteindre le bonheur, c'est-à-dire l'absence de troubles. Pour gagner cet état, il faut discipliner son assentiment, c'est-à-dire qu'il faut transformer le regard que nous portons sur les choses.

Grâce à cette discipline de l'assentiment, nous prenons conscience de notre capacité à être comme un îlot de liberté au milieu de l'immense nécessité de l'univers. Une oasis en plein cœur du désert en somme – comme celle où vivent Timon et Pumba. Cette restriction du moi est la condition de la paix de l'âme. Il faut ôter de notre esprit tout ce qui ne dépend pas de nous.

Voici la prescription du philosophe stoïcien Marc Aurèle : il faut retrancher de notre esprit tout ce que les autres peuvent faire et dire, tout ce que nous avons fait et dit nous-mêmes dans le passé et toutes les choses qui nous inquiètent pour l'avenir. Il faut aussi ôter tout ce qui advient indépendamment de notre volonté. Si nous parvenons à circonscrire ainsi notre moi, alors notre pensée pourra être libérée des troubles. Si nous parvenons à ne plus nous soucier de ce qui est au-delà du présent (le futur) et de ce qui est déjà passé, si nous nous exerçons à vivre seulement *hic et nunc*, c'est-à-dire dans l'instant, nous pourrons vivre jusqu'à la mort sans trouble avec sérénité.

Marc Aurèle désigne plusieurs cercles qui entourent le moi. L'exercice philosophique consiste précisément à les rejeter comme étrangers.

Tout d'abord, le cercle des autres. Il faut cesser de s'inquiéter de ce qu'un tel dit ou pense et de pourquoi il le fait. Il faut bannir cette inquiétude qui nous saisit quand nous pensons à ce qu'autrui désire. Recentrons-nous sur nous. Ce que penseront les lions de ce qu'a fait Simba ne doit pas le préoccuper.

Ensuite, le cercle du passé et de l'avenir. De fait, ni le passé ni l'avenir ne sont en notre pouvoir. Seul le présent dépend de nous. Sur lui, concentrons notre moi. Inutile de ressasser la mort de Mufasa. C'est du passé.

Puis, le cercle des émotions que font naître à tort en nous certains événements. Nous les interprétons d'une manière qui fait que nous sommes profondément affectés par eux. Veillons à regarder les événements de façon neutre et objective sans leur surimposer une interprétation erronée. La mort de Mufasa n'est pas en soi un scandale, c'est un phénomène naturel.

Enfin, le cercle du destin lui-même. Si l'on apprend à reconnaître que le cours des choses nous est étranger, nous serons – bien qu'emportés dans le flux du destin – comme élevés au-dessus de lui. En apprenant qu'elle nous échappe, plaçons-nous au-dessus de la destinée.

Simba n'est pas la cause de la mort de son père. Il n'est pas maître du destin.

“Hakuna matata”, mais quelle phrase magnifique !

Tel est bien l'enseignement que Simba reçoit de ses deux amis philosophes. Grâce et avec eux, il se bâtit une citadelle intérieure au milieu du désert. L'image est stoïcienne : si l'altérité est hostile au moi, il peut en se recentrant sur lui-même jouir même au cœur de l'adversité. Même en plein désert se trouve l'oasis. Le lieu où s'inscrit la philosophie de Timon et Pumba est tout sauf contingent. Il est symbolique de leur philosophie même.

À l'intérieur de cette citadelle, Simba cessera d'être rongé par un passé sur lequel il ne peut plus rien. Pumba y oubliera le rejet moqueur qu'il avait subi des autres. Les trois ensemble, concentrés sur l'instant c'est-à-dire sur la seule chose qui est en leur pouvoir, connaîtront l'absence de troubles de l'âme que les Grecs appellent « bonheur ».

Un jour Nala, l'amie d'enfance de Simba, viendra lui apprendre ce qu'il est advenu du Royaume des lions. Simba choisira alors d'agir comme il le doit. Telle est en effet sa place dans la destinée, ou dans le grand tout qu'est l'Histoire de la vie, et avec la même philosophie qui nous commande de ne pas lutter contre ce qui ne dépend pas de nous, il lui reviendra de l'accepter.

Notes :

ÉPICTÈTE, *Manuel.*

MARC AURÈLE, *Pensées pour moi-même.*

II

“Qu’on leur coupe la tête !”
Les méchants

6

Hercule, Le Roi Lion, Le Bossu de Notre-Dame

Hadès, Scar et Frollo, des figures nietzschéennes

> « La vie n'est pas juste, tu vois… Moi hélas, hélas je ne serai jamais roi… »

Les méchants… Comme on se plaît à les craindre ou à les détester ! Pourvus bien souvent d'acolytes savoureux, certains d'entre eux nous font rire comme le prince Jean de *Robin des Bois* qui suce son royal pouce en gémissant « Maman ! ». D'autres nous terrifient depuis notre plus tendre enfance comme le tigre Shere Khan du *Livre de la jungle* ou le lugubre Hun Shan-Yu dans *Mulan*. Un bon méchant n'est-il pas, dans les Disney, une clé du succès au moins aussi importante que les héros positifs ?

Pour cette raison et afin de défendre un peu ces personnages qu'on aurait tort de mépriser, nous dresserons dans ce chapitre et les suivants une typologie des méchants. En d'autres termes, nous nous demanderons pourquoi ces méchants sont si méchants. Quelle est la racine de leur méchanceté ? Nous les rangerons ainsi dans différentes catégories selon l'origine de leur vice.

Les trois premiers méchants auxquels nous consacrerons un chapitre apparaissent dans trois dessins animés différents et n'ont pas reçu les mêmes faveurs du public. Le premier, Hadès, passe pour l'un des « méchants » les plus sympathiques grâce à ses répliques drolissimes tandis que Scar commet un forfait que le public ne peut pardonner : le meurtre de son frère le roi Mufasa. Quant à Frollo, son personnage est moins brillant encore : ni drôle ni victorieux, austère comme les traits de son visage. Pourtant, tous les trois ont un point commun : la source de leur méchanceté peut s'analyser en termes nietzschéens.

Hadès et Scar, incarnations du ressentiment.

Hadès et Scar partagent d'abord un même statut : ils sont frères du roi ou du dieu des dieux. Le sort leur a réservé un second rôle. Ils connaissent également un même événement perturbateur : la naissance d'un neveu, Hercule pour le premier, Simba pour le second. L'arrivée de l'enfant dans les deux cas recule encore d'un cran leur place dans l'ordre de succession.

Nous rencontrons pour la première fois Hadès sur l'Olympe lors du banquet des dieux donné à l'occasion de la naissance du petit Hercule. Immédiatement, Hadès se moque avec aigreur des invités : « On chante, on danse, on rit, on s'embrasse, elle est pas belle la vie ? » C'est que lui, à l'inverse des autres dieux qui sont d'une paresse olympique, exerce – et il le déplore – un petit boulot à plein temps que Zeus, son frère, lui a si charitablement donné : le soin de gérer les Enfers.

Depuis que cette mission lui a été assignée, Hadès n'est qu'injure, blessure et brûlure. Il jette les mortels en pâture. Il vit dans un recoin légèrement noir, un peu obscur, avec des morts un peu partout autour de lui. Voilà sa vie, telle qu'il la décrit. Aussi, lorsque Zeus lui recommande de prendre le temps de vivre au lieu de se tuer au travail, la coupe est pleine : Hadès révèle ses noirs desseins. Il souhaite que son frère meure. Avec ses deux acolytes, Peine et Panique, il consulte les Moires et apprend que dans dix-huit années exactement les planètes seront en parfait alignement. Elles prophétisent qu'il sera alors temps d'agir en libérant des monstres dégoûtants, les Titans. Zeus l'orgueilleux, vaincu, abdiquera. Et Hadès régnera. Petite mise en garde, ajoutent-elles : contre Hercule, Hadès n'a aucun espoir d'emporter la victoire. Aussitôt, sa décision est prise : Hadès libérera les Titans puis tuera Zeus et Hercule.

Quant à Scar, nous le rencontrons alors qu'il a capturé une petite souris et qu'il ironise : « La vie n'est pas juste, tu vois… Moi, hélas, hélas, je ne serai jamais roi… Et toi, tu ne reverras jamais la lumière… Adieu. » Son neveu a été présenté le matin même au royaume, et lui, Scar, a reculé encore dans l'ordre de succession au trône. Aussi, il ne trépigne pas de bonheur à l'annonce de la naissance de Simba – même s'il invoque pour excuser son manque d'entrain un problème de lumbago. À son frère qui vient lui demander des explications, Scar répond par des menaces : Mufasa aurait tort de le sous-estimer. Si, sur le plan de la force physique, la génétique n'a pas joué en sa faveur, sa subtile intelligence se taille en revanche la part du lion. De fait, il fomente un complot avec les hyènes qui, bien que frustes, ignobles et infectes, représentent un suprême potentiel conjugué à son puissant intellect. Il promet à ces dernières que, grâce à lui, leurs ennuis seront finis, que tous sortiront de la nuit. Il les invite à la compromission, à la conspiration, à l'humiliation. Trois mots qui feront de lui un roi incontesté, respecté et salué. Sa décision est prise : il tuera le roi son frère et son neveu Simba.

Hadès et Scar illustrent parfaitement ce que Nietzsche désigne sous le terme de « ressentiment ». À travers ce mot le philosophe allemand désigne un affect, une sorte de haine qui prend sa source dans l'impuissance et qui engendre une soif de vengeance. Le ressentiment est un état dans lequel un sujet malheureux désigne un autre sujet à propos duquel il pense que c'est lui le coupable de son malheur. C'est *sa* faute. Cette pensée est pure fiction car l'objet désigné comme cause de souffrance est un bouc émissaire. La vérité est que celui qui souffre ainsi ne possède pas en lui une puissance suffisamment forte. Il est plus simple pour lui de désigner un coupable. Comme il ne peut agir et créer par lui-même, l'homme du ressentiment devient ennemi tout ce qui est actif.

Hadès et Scar souffrent et ils vont tous deux chercher une cause à leur souffrance, un agent qu'ils vont désigner comme cause, c'est-à-dire comme coupable et qui sera capable lui aussi de souffrir. Le couple : Zeus/Hercule pour le premier, Mufasa/Simba pour le second. Une fois le ou ici les coupables désignés comme causes (imaginaires) de la souffrance, l'homme du ressentiment va décharger sur eux ses affects.

Hadès et Scar, véritables figures du ressentiment, sont des êtres pleins de sentiments négatifs, emplis d'hostilité et surtout dénués de la capacité à engager une véritable action par eux-mêmes. De fait, l'action engagée sous l'effet du ressentiment (le complot ou le coup d'État) n'exprime jamais une création ou une puissance d'être : elle est une réaction.

Frollo, l'idéal ascétique.

Quant au juge Frollo, il est celui qui a pour charge de combattre le vice et le péché dans Paris. Le monde est corrompu et lui, Frollo, doit le purifier ! Un soir, il poursuit une gitane qui tente de fuir. Elle cache, à l'en croire, quelque larcin. Parvenue sur le parvis de Notre-Dame où elle demande asile, Frollo la rattrape et la tue pour se procurer ce qu'elle tentait de lui dérober. Mais il découvre que l'objet du prétendu larcin n'était qu'un enfant, monstrueux de surcroît. Déjà coupable du meurtre de la mère, il s'apprête à tuer également l'enfant en le jetant au fond d'un puits quand surgit l'Archidiacre de Notre-Dame. Si Frollo prétend avoir la conscience tranquille quant à la mort de la gitane, l'Archidiacre l'accuse. Que Frollo aille raconter ses mensonges à ses mignons ! Qu'ils acclament la pureté de son âme ! Mais il ne pourra cacher ses coupables actions au regard des saints, au pur regard de Notre-Dame !

Frollo accepte donc de sauver l'enfant bien que, pour lui, un enfant de gitan – surtout celui-là qui est monstrueux d'apparence – ne soit qu'une créature démoniaque qu'il faudrait renvoyer à l'enfer auquel elle appartient. Il donne cependant sa parole à l'Archidiacre et permet à Quasimodo de vivre enfermé dans les tours de Notre-Dame.

Bien des années plus tard, ce même Frollo se prend d'une passion dévorante pour une jeune gitane Esmeralda. Cet amour le torture : comment peut-il s'éprendre ainsi d'une moins que rien ? Déchiré, il proclame haut et fort que son âme est pure et que de sa vertu il peut demeurer fier. Il est certain que son cœur a bien plus de droiture que cette femme commune et vulgaire qui traîne sa misère. Et pourtant quand elle danse, cette insolente, ses yeux de feu l'embrasent et le hantent. Comment l'expliquer ? Les flammes de sa chevelure dévorent son corps d'obscènes flétrissures. L'Enfer noircit sa chair du péché de désir. Son verdict : le Ciel doit le punir. À moins que… Frollo s'interroge : doit-il réellement se blâmer ? Est-ce vraiment lui qui est en faute si cette sorcière de gitane enflamme son cœur ? Est-ce sa faute si Dieu a fait les hommes moins puissants que Lucifer ? En fait, c'est la mort d'Esmeralda qu'il appelle de ses vœux. C'est *elle* la coupable. C'est elle qui doit être punie. Et elle le sera. Il y veillera – à moins qu'elle accepte de se donner à lui.

LES DERNIERS SERONT LES PREMIERS.

Frollo incarne une étape ultérieure dans la psychologie des profondeurs que mène Nietzsche. Il est celui que l'auteur d'*Ainsi parlait Zarathoustra* appelle l'« halluciné de l'arrière-monde », le prêtre qui, pour excuser sa faiblesse, subvertit les valeurs, transfigurant la force en faiblesse et réciproquement. Frollo incarne « l'idéal ascétique ».

Il s'agit, par impuissance, de juger la vie d'après des valeurs dites supérieures à la vie : les valeurs pieuses. Pourtant, ces valeurs s'opposent à la vie. Elles ne promettent le salut qu'aux êtres les plus réactifs, les plus faibles et les plus malades. Une transfiguration des valeurs est opérée : on appelle « pureté » ce qui n'est qu'impuissance et on qualifie la puissance du nom de « péché ». Les jugements sont tellement subvertis que l'on a peine à voir que celui qui les énonce (le prêtre ou Frollo) est en fait un esclave souffreteux. Prêcher la chasteté comme le fait Frollo, c'est inciter publiquement à la contre-nature. Chaque mépris de la vie sexuelle, chaque souillure de celle-ci par l'idée même d'« impur » constitue le vrai péché contre l'esprit saint de la vie, pense Nietzsche. D'ailleurs, les choses sont très claires : si Frollo condamne Esmeralda, c'est parce qu'il ne peut assouvir le désir qu'il a d'elle. Lui céderait-elle qu'il cesserait de vouloir la condamner, dit-il explicitement. C'est donc bien sa frustration qui est source du jugement moral, comme le pense Nietzsche.

Outre l'arsenal des valeurs morales, l'homme de l'idéal ascétique, Frollo, invente encore autre chose pour se consoler de sa misère : l'arrière-monde. Oui, le faible, pour compenser son incapacité à vivre dans le réel, crée un autre réel, plus réel et plus important encore que celui où nous vivons : le monde céleste, le monde après la vie, le royaume de Dieu. Et dans ce monde-là, conformément aux valeurs morales qu'il a créées, les justes seront récompensés. Les derniers seront les premiers ! Ceux qui, si inhibés et coincés dans leur vie désirante, souffrent aujourd'hui, seront récompensés demain pour ce qu'ils appellent non leur impuissance mais leur pureté ! À l'inverse, les forts, ceux qui jouissent de la puissance de leur être en cette vie terrestre, seront punis de leur lubricité ! Souffrances et impuissances – voilà ce qui créa les arrière-mondes, écrit Nietzsche.

On le voit, dans le monde merveilleux de

Disney, même les méchants donnent à penser. Et ceux que nous venons d'évoquer nous invitent à affirmer la vie et la puissance contre les contempteurs du corps et contre les êtres réactifs qui voudraient étendre leur venin sur notre joie de vivre.

Notes :
NIETZSCHE, *Généalogie de la morale.*
NIETZSCHE, *Ainsi parlait Zarathoustra.*

7

La Belle au bois dormant et Maléfique

De fée à sorcière, l'effet d'une passion triste

« Il m'a fait ça à moi afin de devenir roi. »

Mon Dieu, voici Maléfique ! Que vient-elle faire ici ? Aujourd'hui, c'est jour de fête au royaume. C'est le jour du baptême de la princesse Aurore, la fille unique du roi Stéphane. Maléfique, la cruelle sorcière, n'a donc évidemment pas été invitée. Et pourtant la voilà…

Déjà, elle ironise en regardant la foule. Il y a là tout le beau monde, constate-t-elle, leurs Altesses, la noblesse, l'aristocratie et… il y a aussi la racaille, ajoute-t-elle en regardant les trois fées, Flora, Pâquerette et Pimprenelle. Elle se sent vexée, avoue-t-elle, de ne pas avoir reçu d'invitation. Comment ? Sa présence n'était pas désirée ? Et l'on ose lui avouer sans honte ? Elle qui osait espérer qu'il ne s'agisse là que d'un fâcheux oubli. Mais puisqu'il en est ainsi, il ne lui reste plus qu'à s'en aller.

Que son excellence Maléfique veuille bien pardonner cet incident, glisse alors la reine gagnée par la compassion. Maléfique l'excuse, oui, elle l'excuse au point qu'elle va, elle aussi, comme les fées, faire un vœu sur le berceau de cette enfant. Que chacun ouvre bien ses oreilles ! clame alors la sorcière : « La princesse en grandissant aura la grâce et la beauté. Chacun l'aimera et lui sera dévoué. Mais, avant l'aube de ses seize ans, elle se piquera le doigt à la pointe d'une quenouille et en mourra ! » Le roi Stéphane a beau hurler qu'on emprisonne cette sorcière, nul ne peut arrêter Maléfique.

Voilà une sorcière qui porte bien son nom, n'est-ce pas ? Maléfique, qui condamne une pauvre enfant dans son berceau, semble la plus odieuse de toutes les méchantes. Et pourtant…

Il m'a fait ça à moi afin de devenir roi !

Et pourtant… Je vous invite à revisiter ce conte célèbre que vous pensiez connaître. Vous apprendrez ainsi la cause de la méchanceté de Maléfique. Dans notre typologie des méchants, elle va nous montrer que la méchanceté peut être affaire de mauvaises rencontres…

Il était une fois deux royaumes voisins qui vivaient dans l'inimitié la plus grande. L'un des royaumes était gouverné par un roi bête et orgueilleux. Ses habitants étaient mécontents et envieux de la richesse de leurs voisins. Car, dans l'autre royaume, la Lande, vivaient toutes sortes de créatures magiques qui n'avaient besoin d'aucun monarque : seule la confiance les guidait. Leur protectrice : un être unique qui avait l'apparence d'une jeune fille mais qui n'était pas une simple jeune fille. C'était une fée. Elle s'appelait Maléfique.

Tandis qu'elle n'était encore qu'une enfant, Maléfique fit la rencontre d'un jeune garçon, Stéphane qui, comme elle, était orphelin. Il vivait dans l'autre royaume, celui des hommes, dans une grange. Mais plus tard, lui annonça-t-il, il vivrait au château. Stéphane et Maléfique devinrent très proches, si bien que pour un temps la vieille rancœur qu'entretenaient les hommes et les fées semblait avoir disparu. Leur amitié fit même place à un sentiment nouveau lorsque, pour son seizième anniversaire, Maléfique reçut un beau cadeau de Stéphane : un baiser d'amour.

Pourtant la soif de pouvoir de Stéphane allait l'éloigner de la jeune fée. Le roi des hommes ayant eu connaissance du pouvoir de Maléfique souhaita l'anéantir. Comme il lui fallait un successeur pour monter sur le trône et épouser sa fille, il proclama qu'il prendrait comme héritier celui qui tuerait Maléfique. Stéphane se rendit alors dans la Lande, appela Maléfique à laquelle il fit croire qu'il venait simplement la prévenir que les hommes voulaient la mettre à mort. Il attendit qu'elle s'endorme dans ses bras. C'est alors qu'il tenta de la tuer. Devant l'impossibilité qu'il avait de le faire, il lui coupa les ailes pour faire croire à sa mort. Stéphane mutila donc Maléfique pour devenir roi.

Le réveil de Maléfique fut tel que vous pouvez l'imaginer. D'ailleurs, ce ne fut pas une fée qui s'éveilla. Ce fut une autre personne. À compter de ce jour, elle devint celle que nous connaissons, la sorcière Maléfique.

Les hommes naissent tous ignorants des causes des choses.

Après cette nuit, Maléfique est envahie par ce que Spinoza appelle une « passion triste ». Elle a été séparée de sa puissance par l'intervention d'un tiers, Stéphane, qu'elle tient pour responsable de sa situation. Si désormais elle ne peut plus voler, si désormais elle est amputée de ses pouvoirs, c'est bien en effet parce que Stéphane a coupé ses ailes. N'est-il pas responsable de son malheur ? C'est cette analyse, pourtant raisonnable en apparence, qui va rendre Maléfique méchante. Car, pensant cela, elle devient animée de haine à l'égard de Stéphane. Puisque Stéphane est l'objet cause de sa tristesse, alors il devient un objet de haine pour elle. Telle est la logique des affects que Spinoza explicite dans l'*Éthique*. Comme, en outre, cette haine vient du fait que Maléfique se juge elle-même haïe par Stéphane, alors elle devient colère et rancune. Voilà le terrible enchaînement des passions tristes…

On comprend que ces affects s'enchaînent mais pas encore que Maléfique ait tort de se laisser submerger par de tels affects. Là encore, Spinoza nous aide à comprendre comment la douleur de Maléfique, s'appuyant sur des erreurs philosophiques, en vient à devenir méchanceté. Maléfique souffre : elle a été mutilée par Stéphane. Sa puissance d'être est amoindrie. Cette douleur-là est indéniable. Mais à cette douleur se rajoute celle qui tient au fait de penser que Stéphane a *voulu* lui faire du tort, qu'il a agi librement et que c'est contre elle qu'il a engagé son action de façon intentionnelle. À la douleur de la blessure physique se surimpose celle de la blessure affective : elle a été trahie.

Or rien n'est plus faux ! Maléfique se trompe et c'est parce qu'elle méconnaît tout du réseau de déterminations dans lequel chacun de nous se trouve pris que Maléfique croit que Stéphane est un sujet libre et donc croit qu'il lui a *voulu* du tort. Maléfique croit que Stéphane a sur ses actions une absolue puissance, et n'est déterminé que par lui-même. Elle attribue la cause de son inconsistance non pas à la nature mais à un vice de la nature humaine et, pour cette raison, elle le maudit.

Ce n'est que parce qu'elle s'appuie sur un présupposé philosophique erroné, celui du libre arbitre, que Maléfique faisant de Stéphane un sujet libre en fait un être responsable. En vérité, Stéphane n'a pas agi, pour ainsi dire, il a été agi.

Si elle parvenait à comprendre que l'action de Stéphane est prise dans un réseau de causes, elle ôterait au moins la souffrance affective qui la ronge. Car en vérité, Maléfique souffre moins d'avoir perdu ses ailes que d'avoir été trahie. La lecture de l'*Éthique* lui aurait permis de s'affranchir de cette douleur-là.

Parce que c'était poli de la part de Peter Pan de me faire ça, à moi ?

On le voit : le film *Maléfique*, mis en regard avec *La Belle au bois dormant*, permet de proposer une analyse des sources du mal fort intéressante. Le mal prendrait ici sa source dans une mauvaise rencontre, dans un rapport qui déconstruit et, par ailleurs, dans une lecture erronée des événements qui peuvent nous arriver. La connaissance spinoziste que l'homme est déterminé aurait permis à Maléfique non de cesser de souffrir (de sa blessure physique) mais de ne pas transformer sa blessure en haine.

Deux personnages partagent la même maladie que Maléfique. Il s'agit du capitaine Crochet, rival de Peter Pan d'une part et d'Ursula, l'immonde pieuvre de *La Petite Sirène*, d'autre part. Le capitaine Crochet n'est plus que l'ombre de lui-même depuis qu'il a croisé le chemin de Peter Pan. Ce dernier lui a tranché la main et l'a jetée en pâture au crocodile qui a trouvé Crochet tellement à son goût qu'il le poursuit depuis sans relâche, en espérant avaler le reste s'il le peut ! Plus de joies de piraterie, plus d'océans à traverser ni de navires à piller, il est aliéné lui aussi à sa passion triste : la soif de vengeance. Il en va de même d'Ursula, la vieille sorcière des mers, qui nous apprend qu'elle a été exclue de la cour par le roi Triton et que ce rejet est la cause de la haine qu'elle nourrit à son endroit.

À travers ces trois figures, Disney nous apprend, avec des accents spinozistes, qu'il faut chercher à cultiver les passions joyeuses, c'est-à-dire favoriser ce qui vivifie notre être – quelle que soit l'épreuve qui nous a frappés – plutôt que de nous laisser gagner par des passions qui amoindriront encore notre vie.

Note :
SPINOZA, *Éthique*.

8

Blanche-Neige et les sept nains

La Reine Mère, de Platon à Marsile Ficin

« Reine, tu es la plus belle de toutes. »

« Bien avant les sortilèges de Jafar, bien avant les infamies de Scar, bien avant les malédictions d'Ursula, il y avait… Moi ! Moi, plongeant la pomme dans le chaudron pour qu'elle s'imprègne de poison ! La plus méchante de tous ! » ainsi s'exprime la Reine Mère dans une brève bande-annonce qui invite les spectateurs à revoir le premier de tous les grands dessins animés : *Blanche-Neige*.

La Reine Mère se vante donc d'être reine des méchants. On peut se demander alors sur quoi repose sa méchanceté. Celle de Jafar et Scar, évoqués justement par elle, semble trouver sa source dans un mal commun : le ressentiment. Celle d'Ursula dans la passion triste qu'est la soif de vengeance. Mais la Reine Mère, elle, est déjà reine et n'a subi aucune offense dont elle pourrait souhaiter se venger. Quelle peut donc être la nature du mal qui la ronge et qui va l'asseoir parmi les plus grands méchants de Disney ?

Miroir magique sur le mur, qui a beauté parfaite et pure ?

Rappelons-nous le conte. Il était une fois une reine qui cousait à la fenêtre tandis que les flocons descendaient du ciel. Comme elle s'était piqué le doigt, une goutte de sang vint à se poser sur le sol. C'était si beau, ce sang rouge sur la neige, que la reine forma le vœu que son enfant à naître fut aussi blanc que la neige, aussi vermeil que le sang et aussi noir de cheveux que l'ébène. Ainsi naquit Blanche-Neige. Mais, hélas, sa mère mourut en lui donnant la vie.

Un an après son décès, le roi épousa une autre femme certes très belle mais si fière et si orgueilleuse de sa beauté qu'elle ne pouvait supporter qu'une autre fût plus belle qu'elle. Aussi elle couvrit la jeune princesse Blanche-Neige de haillons et la força à travailler comme souillon. Elle avait en sa possession un miroir magique. Et chaque jour, l'orgueilleuse reine le consultait et lui demandait : « Miroir magique sur le mur, qui a beauté parfaite et pure ? » Chaque jour, le miroir lui répondait : « Reine, tu es la plus belle de toutes. » Blanche-Neige était ainsi protégée contre la jalousie de la reine. On le voit : le vice de la Reine Mère, c'est l'orgueil.

Blanche-Neige cependant grandissait et devenait toujours plus belle. Elle était belle comme le jour et bien plus belle que la reine elle-même. Aussi, quand la reine, un jour, questionna son miroir en lui demandant qui était la plus belle femme de tout le royaume, elle frémit en l'entendant répondre. Ce dernier, en effet, lui apprit que si elle, la Reine Mère, était belle, Blanche-Neige était mille fois plus belle encore.

La reine sursauta et devint verte de jalousie. À partir de cette heure-là, l'orgueilleuse reine ne put souffrir la présence de Blanche-Neige sans que le cœur lui chavirât dans la poitrine tant elle la haïssait. L'orgueil s'empara de son cœur, avec la jalousie, ne lui laissant aucun repos ni de jour ni de nuit. Elle finit par décider de tuer sa rivale.

Le désir doit nous conduire vers l'intelligible.

L'aliénation de la Reine Mère à son image et son addiction au miroir dans lequel elle cherche, chaque jour, la confirmation de la suprématie de sa beauté ne sont pas sans rappeler les analyses que mène le philosophe Marsile Ficin dans son *Commentaire sur le* Banquet *de Platon*.

Ce dernier part du dialogue de Platon. Plusieurs intervenants s'y expriment pour définir quelle est, selon eux, la nature du désir. Un premier interlocuteur, Aristophane, raconte un merveilleux mythe selon lequel l'humanité aurait été jadis constituée d'êtres doubles, se présentant sous forme de sphères. Chaque être contenait ainsi deux moitiés d'homme ou deux moitiés de femme ou une moitié d'homme et une moitié de femme. Punis par Zeus, ils furent divisés. Chacun n'eut dès lors de cesse que de rechercher sa moitié perdue.

Ce mythe romantique, bien qu'écrit par Platon, n'est pas à proprement parler platonicien. En effet, plus tard, dans le dialogue, le philosophe lui opposera l'idée selon laquelle le désir nous conduit non pas à nous porter vers un semblable (notre moitié perdue) mais vers des réalités intellectuelles dont l'éclat peut d'ailleurs nous saisir dans des réalités sensibles. Telle est la juste orientation du désir, selon Platon : celle de nous conduire, étape par étape, vers un autre plan ontologique. Le désir, selon une dialectique ascendante, nous conduit du sensible vers l'intelligible. Demeurer captif des réalités sensibles (s'attacher au désir d'un beau corps), c'est entraver la course naturelle du désir et se priver de la rencontre qui nous réalisera véritablement en tant qu'humain, c'est-à-dire en tant qu'âme, avec l'intelligible.

Marsile Ficin ajoute à cette analyse platonicienne, comme pour mieux l'illustrer, une référence au mythe de Narcisse, mort de s'être noyé dans l'idole sensible de son amour, incapable de discerner au-delà de cette image-écran l'objet véritable de son amour. Chez Platon, cet objet véritable est l'intelligible. Chez Ficin, il devient le Dieu créateur. Dans les deux cas, une transcendance est nécessaire vers une altérité.

Pour s'élever, l'homme ne doit pas s'en tenir à l'amour du même. Ficin nous explique que celui qui s'attache uniquement à la beauté des corps verra son âme plonger dans des profondeurs obscures et funestes à l'intelligence. Il y vivra aveugle, séjournant dans l'Hadès, entouré d'ombres.

Le rappel du mythe de Narcisse permet à Ficin de marquer le moment crucial du choix de l'âme qui, à partir de la vue de la beauté sensible, peut en toute liberté soit s'orienter vers les biens intelligibles et entamer l'ascension qui la mènera, conformément à sa nature première, à la contemplation de Dieu, soit rester fascinée par le sensible en proie à un désir ardent à jamais insatisfait. Ainsi Narcisse est-il l'allégorie de l'âme qui ne se connaît pas, c'est-à-dire qui ignore en elle sa véritable nature, divine, et s'oublie dans le monde matériel.

Pour Ficin, cette élévation vers Dieu s'amorce déjà avec l'amour d'un autre. L'amour est ainsi naissance au monde spirituel et mort au monde matériel, mort à soi-même, oubli et perte de soi en l'autre.

Je souhaite voir celui que j'aime.

La Reine Mère est ainsi cet être dégradé qui, tel Narcisse, demeure éprise d'une image, la sienne, qu'elle vient chaque jour contempler dans le miroir. C'est un être qui n'accomplit pas son humanité.

À l'inverse Blanche-Neige est un anti-Narcisse. La scène dans laquelle nous la découvrons fait pendant à celle de la Reine Mère interrogeant le miroir. Blanche-Neige se penche sur un puits dans lequel elle aussi découvre son reflet. Elle pourrait alors, comme la Reine Mère, être saisie par son image et demeurer captive de sa beauté.

Pourtant, Blanche-Neige ne semble pas même se regarder dans le reflet. Au contraire, elle exprime son vœu de voir un Autre surgir. Elle souhaite voir celui qu'elle aime et qu'il vienne bientôt. L'amour du prince est, pour Blanche-Neige, si on le comprend par opposition à l'amour narcissique que la reine se voue à elle-même, une naissance au monde spirituel. Cet amour est bien mort à soi-même, oubli et perte de soi en l'autre. On peut comprendre ainsi qu'en cet amour, il ne s'agit pas de s'éprendre de son beau semblable mais d'amorcer une ascension, comme le veut Ficin, vers un être d'une beauté supérieure et intellectuelle, qui élèvera l'âme de la jeune princesse.

Notes :

PLATON, *Le Banquet.*

FICIN, *Commentaire sur le* Banquet *de Platon.*

9

Raiponce

Mère Gothel et le refus de la finitude : Je meurs donc je suis

« Tu veux que je devienne méchante ?
Parfait, dorénavant je serai la méchante. »

Ressentiment aux accents nietzschéens, passions tristes d'inspiration spinoziste, orgueil anti-platonicien, voici les différentes causes que nous avons trouvées jusqu'ici à la méchanceté de ces figures aussi détestables et terrifiantes qu'intéressantes et savoureuses que sont les méchants de Disney. Étudions désormais une dernière figure dans notre typologie des méchants. Partons à la rencontre d'une vieille, si vieille sorcière qu'il est impossible de lui donner un âge. Cela est d'autant plus vrai que son visage, lui, affiche une inaltérable jeunesse ! Cette méchante-là, c'est Mère Gothel.

Quel est le vice radical de Mère Gothel ? Eh bien, précisément : son mauvais rapport au temps. Son refus de la finitude. Son rejet de la mort. Ces raisons vous paraissent acceptables, peut-être ? Qui parmi vous ne souhaiterait pas pouvoir suspendre le temps ? Arrêter sa course folle qui vous arrache avec votre jeunesse les personnes que vous aimez le plus au monde ? Quoi, vous auriez de la compréhension pour Mère Gothel ? Oui, nombreux seraient prêts à payer très cher pour rester éternellement jeunes et en bonne santé.

Mais voilà, Disney veille. Et *Raiponce* va nous apprendre que ce désir si commun et si inoffensif en apparence est le moyen le plus sûr de gâcher sa vie. Loin d'être un obstacle à surmonter, la mort est le tremplin à partir duquel nous existons et pouvons pleinement et authentiquement être ce que nous sommes. Étonnant, non ? Voyons comment le dessin animé réussit ce tour de force.

Inverse le temps, rends-moi ce qu'il m'a pris !

Il était une fois une larme de soleil tombée des cieux. De cette petite goutte naquit une fleur magique aux pétales d'or capable de guérir les maladies et les blessures. Une vieille sorcière, Mère Gothel, mit la main sur cette fleur magique et décida de la cacher pour son usage personnel.

Redoutant la vieillesse et sa mort prochaine, elle demandait chaque jour à la fleur de restaurer sa jeunesse. Il lui suffisait de chanter : « Fleur aux pétales d'or, répands ta magie, inverse le temps, rends-moi ce qu'il m'a pris » pour que son visage ridé disparaisse, laissant place à un visage étincelant de santé.

Le temps passa pour tous sauf pour Mère Gothel qui avait réussi par ce moyen à en suspendre les effets. Un beau jour pourtant, dans un royaume où le roi et la reine étaient aimés de tous leurs sujets, un drame survint. Alors que la reine s'apprêtait à donner la vie, elle tomba gravement malade. La situation était désespérée. Ses sujets, pleins d'inquiétude, cherchèrent alors la fleur d'or magique qui, d'après la légende, avait le pouvoir de guérir les blessures. Au grand malheur de Gothel, ils finirent par la trouver.

La magie de la fleur d'or opéra : la reine guérit et accoucha d'une petite princesse avec une magnifique chevelure dorée. Elle l'appela Raiponce.

Mère Gothel, dépossédée de la source de son éternelle jeunesse, s'introduisit une nuit au château, comptant bénéficier des pouvoirs magiques de la chevelure de Raiponce. Mais lorsqu'elle coupa une mèche des cheveux de l'enfant, la magie en disparut. Seule la chevelure vivante était magique et non une simple mèche de cheveux. Si donc Mère Gothel voulait continuer à demeurer jeune, il ne lui restait qu'à voler l'enfant. Ce qu'elle fit avant de disparaître dans la nuit. Gothel avait, en quelque sorte, trouvé une nouvelle fleur magique.

On remua ciel et terre pour retrouver la princesse mais cela fut en vain. Mère Gothel cacha la jeune fille dans une tour au cœur de la forêt. Elle l'éleva en lui faisant croire qu'elle était sa mère. En vérité, Raiponce n'était qu'un outil au service du refus de la finitude de la vieille sorcière.

FINIR NOUS DONNE DES RAISONS DE COMMENCER.

Pourtant, la mort est invincible. Elle a toujours le dernier mot. Voulant la surmonter, Mère Gothel engage une vaine lutte dont le seul succès sera le suivant : elle y perdra l'authenticité de sa vie. Telle est la leçon qu'elle aurait pu lire dans *Être et Temps* de Heidegger.

Se savoir mortel est, pour le philosophe allemand, la condition de possibilité pour enfin commencer à vivre. Il faut savoir et accepter que tout va finir un jour pour enfin commencer.

Sans aller jusqu'au vice de Mère Gothel, il se trouve que nous sommes nombreux à fuir la plupart du temps cette pensée de la mort. Pire encore, nous vivons comme si nous devions vivre toujours ! Bien sûr, nous savons que les hommes sont mortels. Nous savons que l'*on meurt*. Mais, précisément, c'est toujours *on* qui meurt, ce sont toujours les autres. Nous fuyons ainsi devant la pensée de la mort ou plutôt de notre mort. Observez notre façon de parler de la mort : les périphrases sont de rigueur. On dit : « Il est parti » ou « Il nous a quittés » ou encore « Il a rejoint mamie ». Bref, on se détourne. Pourtant, regarder la mort en face est essentiel.

Pour vivre une vie proprement humaine, il faut envisager un autre rapport à la mort qui ne soit pas esquive. Il faut avoir le courage de craindre la mort. Il faut chercher à l'assumer. Il nous faut cesser de vouloir surmonter l'insurmontable. Il nous faut apprendre à considérer que la mort n'est pas un obstacle ni un scandale mais une ressource. Nous sommes des êtres éphémères, faits de temps. Il faut donc accepter d'être éphémère – ce que ne parvient pas à faire Mère Gothel. Il nous faut également accepter de traverser l'angoisse de la mort. Ce n'est qu'à cette condition que l'on atteindra la plénitude de l'exister.

Pour quel bénéfice ? En quoi cette pensée et cette acceptation de la mort seraient-elles si essentielles pour nous ? Heidegger nous enseigne que penser que l'on peut mourir à tout moment nous conduit précisément à engager authentiquement chaque instant. En fuyant la mort, nous nous laissons sombrer dans des existences inauthentiques où c'est autrui qui nous donne la mesure. À fuir la mort, on construit une vie sous la tutelle du *on* et non selon notre loi propre. En revanche, la pensée de notre mort nous restitue en tant que sujet puisque nous nous hâtons de vivre et, surtout, de vivre enfin ce qui nous importe.

Il faut donc se rendre compte que le continuel ouvrage de notre vie, c'est de bâtir la mort, comme l'enseignait déjà Montaigne avant Heidegger. Il expliquait que si nous sommes morts après la vie, durant notre vie nous sommes mourants. Tant que nous vivons, nous sommes mourants. Nous mourons continuellement. À la limite, on devrait donc dire non pas « je pense donc je suis » mais « je meurs donc je suis ». Penser, ce n'est pas s'échapper de la condition mortelle. La mort est le tremplin à partir duquel nous existons et pouvons être ce que nous sommes.

Quand nous disions que Heidegger nous invite à la pensée de la mort, il ne s'agit donc pas de se tétaniser en pensant à la perspective du décès. Il ne s'agit pas de l'imaginer et de se faire peur. Il s'agit d'engager un mode de vie éclairé par cette fin à venir. Le déni de la finitude n'est pas seulement preuve de lâcheté, c'est surtout le moyen le plus sûr de ne pas vivre.

CERTAINS SONT PRÊTS À PAYER TRÈS CHER POUR RESTER ÉTERNELLEMENT JEUNES.

Voilà ce que n'a pas compris Mère Gothel au cœur de pierre qui, ne parvenant pas à accepter sa mort, mène une vie qui n'est pas vraiment vivante. Cette dernière est tout entière consacrée aux moyens d'éviter la mort. Pour parvenir à cette fin, elle ne recule devant rien, chassant du champ de ses possibles ce qui pourtant pourrait donner un sens à sa vie : l'amour d'un enfant, la joie du partage, la découverte du monde.

Lorsque Raiponce refuse de lui servir de fontaine de jouvence, Mère Gothel se dévoile : « Tu veux que je devienne méchante ? Parfait, dorénavant je serai la méchante. » Méchante, elle l'était déjà ! N'a-t-elle pas volé un enfant à l'amour de ses parents ? N'a-t-elle pas refusé d'aider son prochain en partageant les pouvoirs de la fleur magique ? N'a-t-elle pas usé de ruses machiavéliques pour séparer Raiponce de son amour naissant ? Sous la menace d'être privée du pouvoir de Raiponce et de devoir donc vieillir et mourir, elle franchit encore une étape dans l'échelle du mal et poignarde Flynn Rider sous les yeux de Raiponce.

Voyant celui qu'elle aime agoniser, Raiponce propose alors de suivre Mère Gothel si cette dernière lui permet de sauver Rider. Raiponce serait prête à sacrifier sa liberté pour autrui. Refusant ce sacrifice, Rider tranche d'un coup sec la chevelure dorée de Raiponce, la privant ainsi de son pouvoir. Ce faisant, il la libère de Mère Gothel mais il se condamne à mourir. Rider a sacrifié sa vie par amour pour Raiponce. Néanmoins, celle-ci parvient à le sauver grâce à un soupçon de magie conservé dans ses larmes.

Tandis que s'éteint le pouvoir de Raiponce, Mère Gothel subit les altérations du temps dont le sortilège l'avait préservée avant de mourir dans d'affreux hurlements. Elle qui avait choisi de sacrifier la vie d'autrui pour préserver la sienne a échoué. Nul ne peut réussir à contourner la mort. En revanche, on peut très bien réussir à vivre une vie qui n'est pas vraiment vivante.

Raiponce nous met en garde : ne nous égarons pas dans de vains et dangereux espoirs.

Aimons la vie avec ce qu'elle comporte comme risques et comme certitude de fin. Nous n'en apprécierons que mieux le chemin.

Notes :

MONTAIGNE, *Essais.*
HEIDEGGER, *Être et Temps.*

III

“Deuxième étoile à droite et tout droit jusqu'au matin.” Réalité et fiction

10

La Belle et la Bête

Peut-on se fier aux apparences ?

« Il n'a rien d'un prince charmant. »

« Il était une fois dans un pays lointain, un jeune prince qui vivait dans un somptueux château. » Alors que ce prince avait été comblé par la vie, il avait un cœur capricieux et égoïste. Un soir, une vieille mendiante vint le trouver et lui demanda l'hospitalité pour la protéger du froid. En échange de son accueil, elle lui offrirait une rose. Ce prince insensible fut saisi de répulsion devant la hideuse apparence de la mendiante et la chassa.

Le jeune prince n'aurait pas dû repousser la vieille femme. Par charité d'abord, mais aussi parce qu'il ne faut pas se fier aux apparences. La véritable beauté n'est-elle pas celle du cœur ? De fait, la mendiante était une fée. Comme elle avait découvert la sécheresse du cœur du prince, elle décida, pour le punir, de le transformer en bête monstrueuse et de jeter un sort sur son château ainsi que sur tous ses occupants. Une seule chose pourrait briser cette malédiction : que le prince aime une femme et s'en fasse aimer en retour – et cela avant que la rose offerte ne perde son dernier pétale. Le prince garderait sinon l'apparence d'un monstre pour l'éternité. « Plus les années passaient et plus le prince perdait tout espoir d'échapper à cette malédiction car, en réalité, qui pourrait un jour aimer une bête ? »

Qui parmi nous pourrait prétendre pouvoir le faire – la bête fût-elle aimable ? Ne sommes-nous pas sensibles à la beauté du corps ? Derrière la question de savoir quelle valeur accorder à l'apparence physique se cache aussi celle, qui la sous-tend, de savoir s'il faut en général se fier aux apparences elles-mêmes. L'apparence nous donne-t-elle accès à la réalité même des choses ou n'est-elle qu'une ombre déformante qui masque l'essentiel ? Par ailleurs, s'il est vrai que les apparences ne sont que des ombres du réel et non le réel lui-même, alors se pose enfin la question de savoir quel genre de vie mener : faut-il se mouvoir dans une vie faite de plaisirs sensibles ou bien faut-il se mettre en quête du réel lui-même ?

Saisi de répulsion devant sa misérable apparence...

La jeune fille de l'inventeur, Belle, dont la beauté est sans pareille, semble avoir choisi les plaisirs de l'âme. Elle se rend souvent le matin chez son ami le libraire à la recherche d'un nouveau livre à dévorer. Dans ce village qui paraît situé sur un petit nuage où les jours semblent immobiles, les habitants, dès le matin, bavardent de tout et de rien. Belle, sans vanité, se sent étrangère à ces gens et à cette vie. Pour elle, les rues pleurent d'ennui. Elle aspire à vivre une autre vie.

Les villageois, quant à eux, trouvent que Belle ne parle pas leur langage. Elle est toujours dans les nuages : la tête ailleurs avec des rêves plein les yeux. Elle a toujours l'air absent ou plongé dans ses romans. Gaston pourtant, le beau garçon du village, a jeté son dévolu sur cette « délicieuse enfant ». Ce Gaston, à en croire les villageoises, est divin, d'une beauté à frémir. Quand elles l'aperçoivent, leur cœur s'emballe et elles luttent pour ne pas défaillir. Tel n'est pas le cas de Belle qui refuse ses avances.

Pire : elle va peu à peu se découvrir émue par quelqu'un qui n'a pourtant rien d'un prince charmant. Ayant choisi de se livrer comme prisonnière de la Bête à la place de son père, elle apprend à connaître son âme, cachée sous sa misérable apparence. Si la Bête lui apparaît d'abord comme un tortionnaire et un monstre, elle découvre ensuite quelque chose dans son regard d'un peu fragile et de léger comme un espoir. Même si c'est le plus fou des romans, la Belle s'éprend peu à peu de la Bête.

Si la vie vaut jamais la peine d'être vécue, cher Socrate, c'est à ce moment où l'homme contemple la beauté en soi.

Dans *Le Banquet*, Platon présente deux personnages à l'apparence physique antinomique. Le premier, Alcibiade, est d'une beauté exceptionnelle. Le second se distingue, lui, par sa laideur monstrueuse : il s'agit de Socrate. Mais si ce dernier est physiquement laid, son âme, elle, est d'une beauté exquise.

Socrate est en cela semblable aux silènes. Ce sont de petites boîtes sur lesquelles sont dessinés des personnages grotesques destinés à faire rire ceux qui les regardent. Mais à l'intérieur, on y conserve les drogues les plus précieuses comme le baume ou l'ambre gris. Si Socrate ressemble donc à un silène c'est parce qu'extérieurement, il est d'une laideur terrible et d'un maintien grotesque : son nez, son regard, le visage tout entier est monstrueux ; et ses habits comme son attitude ajoutent encore le grotesque à la laideur.

Cependant, en dépassant cette apparence, et en observant l'âme même de Socrate on y trouve une céleste et inappréciable drogue, comme l'écrit Rabelais dans le Prologue à *Gargantua*. Dans la description qu'il en fait, Socrate possède une intelligence plus qu'humaine, une force extraordinaire, un courage sans faille, une sobriété inégalée, une constance d'âme sans fluctuation, une assurance parfaite, un détachement sans pareil à l'égard de tout ce pour quoi les humains s'agitent. On le voit : Socrate, c'est la Bête ; ou la Bête, c'est Socrate. Car le jeune prince devenu Bête et s'étant épris de la Belle a vu son âme s'embellir : il est donc en tout point semblable à Socrate, laid au-dehors, beau au-dedans.

Alcibiade, lui, beau et séduisant comme Gaston, est le chouchou d'Athènes. C'est le préféré de la bande. Toutes les femmes tombent à genoux devant lui et ce n'est pas difficile à comprendre…

Et pourtant, dans *Le Banquet*, Platon met en scène non seulement l'aveu d'amour d'Alcibiade pour Socrate mais encore le rejet de ce dernier ! Chez Platon, la Beauté s'éprend de la Laideur qui la rejette ! Mais c'est que justement la véritable beauté est celle de l'âme. Et Socrate considère ainsi que, dans le marché que lui propose Alcibiade, il se fait flouer.

Alcibiade explique à Socrate qu'ils tireraient tous deux avantage de leur union : lui, Alcibiade, partagerait sa beauté physique avec Socrate qui pourrait jouir de son corps tandis que Socrate partagerait la beauté de son âme avec Alcibiade qui pourrait en jouir.

À ce marché, Socrate oppose un refus amusé : Alcibiade tente de l'escroquer ! Il lui demande d'échanger de l'or contre du cuivre ! La beauté du corps d'Alcibiade est toute relative et surtout elle est éphémère : c'est un métal non précieux, c'est du cuivre. La beauté de son âme à lui, Socrate, est bien plus précieuse : inaltérable, c'est de l'or.

Si la beauté intérieure de Socrate doit être préférée à celle extérieure d'Alcibiade, c'est que pour Platon il ne faut pas se fier aux apparences qui ne sont que l'ombre des choses. La beauté physique n'est qu'une ombre de la seule beauté qui importe, la Beauté intelligible.

Deux réalités s'opposent chez Platon : le sensible, c'est-à-dire tout ce que nous pouvons percevoir par les sens, et l'intelligible que justement nous ne pouvons percevoir par les sens mais qui, paradoxalement, est plus réel que ce qui frappe nos yeux. La beauté du corps est donc d'une moindre réalité que la beauté de l'âme. La première est corruptible, éphémère, subjective, tandis que la Beauté en soi est intemporelle et universelle. C'est celle-ci qu'il faut préférer à celle-là. Il faut privilégier l'histoire éternelle aux aventures passagères.

Je veux vivre autre chose que cette vie !

La vie sensible n'est qu'une ombre de vie ou une vie consacrée à des ombres. L'apparence ne nous donne pas accès à la réalité même des choses. Elle est bien une ombre déformante qui masque l'essentiel. C'est pourquoi il faut apprendre à convertir son regard. La vieille mendiante qui conduit le prince à évoluer, c'est Diotime, la prêtresse du *Banquet*, qui explique à Socrate la dialectique ascendante nécessaire pour qui veut connaître le réel véritable et vivre de façon proprement humaine. Et le don qu'elle fait au prince d'une rose magique qui s'effeuille lentement au fil des années est à cet égard très symbolique. En effet, en grec, la vérité se dit *aléthéia*, c'est-à-dire « dévoilement ». Le mot même de vérité implique l'idée de devoir aller au-delà de l'apparence. Il faut soulever le voile du sensible pour atteindre l'intelligible comme on enlève une à une les pétales d'une rose.

Le sage apprend, étape après étape, à se détacher des beautés sensibles pour se tourner vers les beautés intelligibles : il commence certes par être frappé par la beauté d'un corps, puis perçoit la beauté dans plusieurs corps, puis il conçoit la beauté de l'âme, puis voit celle des actions et des lois, avant de la contempler dans les sciences. Il est alors prêt à connaître la Beauté en Soi. *La Belle et la Bête* nous vante, comme Platon, la nécessité d'une dialectique depuis le sensible vers l'intelligible.

Telle est bien la sagesse toute platonicienne de Belle qui est insatisfaite par les vanités du monde sensible : « Je veux vivre autre chose que cette vie ! », s'écrie-t-elle en observant ceux qui se satisfont de la vie la plus ordinaire.

Les yeux de Belle sont les yeux de son âme et non simplement ses yeux physiques. Elle voit au-delà des apparences.

Notes :

RABELAIS, *Gargantua*.

PLATON, *Le Banquet*.

11

Peter Pan

Peut-on distinguer le rêve de la réalité ?

> « La deuxième étoile à droite. Et tout droit jusqu'au matin. »

Tout commença dans une rue tranquille à Bloomsbury, dans la maison de la famille Darling. Monsieur et Madame s'apprêtaient pour sortir, tandis que leurs enfants jouaient encore dans leur chambre. Les deux garçons, Jean et Michel, croyaient que Peter Pan existait réellement et ils en avaient fait le héros de tous leurs jeux. Leur sœur aînée, Wendy, ne se contentait pas d'y croire : elle était l'autorité suprême sur Peter Pan et sur toutes ses merveilleuses aventures. Tous les soirs, elle racontait à ses frères émerveillés les péripéties du jeune Peter et de ses compagnons, les Enfants Perdus, au Pays imaginaire.

Leurs parents étaient, on l'imagine, plus réservés quant à l'existence dudit Peter Pan. Pour Madame Darling, Peter Pan désignait en fait l'esprit de la jeunesse. Monsieur Darling, lui, homme pragmatique, considérait que Wendy devait cesser de farcir la tête de ses frères avec ces histoires. Les aventures de Peter Pan n'étaient pour lui que billevesées et absurdités ! Plus grave encore à ses yeux : ces histoires étaient ridicules. Comment y croire une seconde ! Wendy n'était plus une enfant ! C'est d'ailleurs pour cela qu'avant de quitter la maison, il annonça une grande décision : il était temps que Wendy ait sa propre chambre. Ce serait le dernier soir où elle s'endormirait dans sa chambre d'enfant. Il était temps de cesser de transfigurer le réel ! Nana, la prétendue bonne d'enfants, n'était qu'un chien, aussi aimable soit-il, et la place d'un chien est dans la niche – dehors. Les larmes du petit Michel n'y pourraient rien changer.

Au moment d'éteindre, Wendy demanda à sa mère de laisser la fenêtre ouverte. Nana avait trouvé l'ombre de Peter et elle, Wendy, l'avait conservée en attendant qu'il vienne la récupérer. Peut-être viendrait-il ce soir… Dans ce cas, il fallait qu'il puisse entrer… Rassurée, Wendy s'endormit.

C'est le beau Pays imaginaire !

Comme ils quittaient la maison, Madame Darling exprima ses craintes à son époux : Wendy a vu une ombre. – Une ombre ? – Oui, l'ombre de Peter Pan ! Le père ironisa alors : les enfants étaient-ils bien en sécurité seuls dans la maison ? N'étaient-ils pas en danger si Peter Pan rôdait ! Il fallait appeler Scotland Yard de toute urgence ! Vraiment la remarque de sa femme l'affligeait : comment leurs enfants pourraient-ils devenir des adultes raisonnables alors que leur mère était pire qu'eux ! C'était bien de sa mère que Wendy tirait son imagination débordante. Pourtant, aussitôt que les parents furent partis, Peter entra dans la chambre, avec Clochette, à la recherche de son ombre…

Est-ce un rêve ou est-ce la réalité ? Wendy est-elle en train de rêver ou les aventures que les enfants Darling vont connaître à partir de cet instant sont-elles bien réelles ? Aux côtés de Peter, Wendy et ses frères vont voler jusqu'au Pays imaginaire. Là, ils rencontreront les sirènes mais aussi les Indiens. Avec Peter, Wendy participera à la libération de Lili la Tigresse que Crochet a capturée. Jean et Michel, de leur côté, se feront capturer par les Indiens. Tous ensemble, ils seront initiés aux secrets des Peaux-Rouges. Peter Pan sera fait grand chef honoraire et baptisé « Petit Doigt Volant ». Puis, les enfants Darling seront enlevés par Crochet avant que Peter ne vienne les sauver, faisant connaître une nouvelle défaite cuisante au capitaine Crochet. Après toutes ces aventures, Peter Pan ramènera les enfants à Londres à bord du navire de Crochet.

Il n'y a point d'indices concluants par où l'on puisse distinguer nettement la veille d'avec le sommeil.

Comment savoir si toutes ces aventures ne sont qu'un rêve, celui de Wendy, ou si elles ont véritablement lieu ? Le père de Wendy est sûr de son fait : tout cela n'est que fiction et, intuitivement, nous sommes tous d'accord avec lui. Pourtant, est-il bien certain que nous puissions distinguer le rêve de la réalité ?

Platon, déjà, dans le *Théétète*, écrivait que le temps que nous passons à dormir est égal à celui où nous sommes éveillés. Or, pendant ces deux périodes, notre âme soutient sans faiblir que les convictions qui, à chaque fois, lui sont présentes sont vraies plus que toute autre chose. En conséquence, nous affirmons pendant une durée égale que ceci est, et pendant une durée égale que cela est. Et nous mettons la même force dans chacune des deux affirmations. Comment différencier dès lors le rêve de la réalité ?

Dans les *Méditations métaphysiques*, Descartes fait preuve d'un même scepticisme. La question de savoir si l'on peut distinguer le rêve de la réalité recouvre sous sa plume celle de savoir si l'on peut faire confiance à nos sens. Par exemple, si je vois un navire volant dans les nuages, puis-je être sûr que c'est la vérité ? À cette question, Descartes répond que ce que l'on voit, touche, goûte, sent ou entend ne peut pas être tenu pour un critère de vérité car il existe des illusions des sens. Par exemple, un bâton plongé dans l'eau paraît brisé. Or, il ne l'est pas. Donc parfois nos sens nous trompent. Aussi, qu'est-ce qui nous garantit que ce que nous voyons à l'instant ne soit pas une illusion des sens ? Puisque cela arrive quelquefois, nous pouvons imaginer que cela se produit à l'instant même.

Mieux : qu'est-ce qui nous garantit que nous ne sommes pas en train de rêver ? Nous devons accorder, écrit Descartes, que nous avons coutume de dormir et que, dans nos rêves, nous nous représentons souvent les mêmes choses que les insensés lorsqu'ils veillent. Leur cerveau étant troublé par les vapeurs de la bile, ils assurent qu'ils sont des rois (alors qu'ils sont très pauvres) ou qu'ils sont vêtus d'or (alors qu'ils sont entièrement nus). De même, quand nous dormons, n'avons-nous jamais songé que nous étions habillés et au coin du feu alors que nous étions entièrement nus dans notre lit ? Si, répond Descartes. Nous avons pris le rêve pour la réalité. Aussi, s'il nous semble d'abord certain que ce que nous percevons actuellement est réel (et non un rêve), parce que ce qui arrive dans le sommeil n'est point si clair et si distinct que ce que nous percevons actuellement, ne doit-on pas ensuite se souvenir que nous avons été souvent trompés, en songe, par de semblables illusions ? N'avons-nous jamais fait de rêve si précis que, nous réveillant, nous ne puissions pour un temps plus distinguer le réel de l'imaginaire ?

Descartes conclut qu'il n'existe pas d'indices assez définitifs ni de marques assez certaines par lesquels on puisse nettement distinguer le rêve de la réalité. Cette conclusion le bouscule : il en vient même à penser qu'il se pourrait qu'il dorme alors même qu'il écrit la page que nous rapportons ici.

La frontière entre le réel et le rêve devient indécidable. Wendy a-t-elle rêvé ou bien est-elle réellement allée au Pays imaginaire ?

Rêve ta vie en couleurs, c'est le secret du bonheur !

Tandis que sonnent les coups de onze heures, les parents rentrent. Wendy n'est pas dans son lit. Le doute du spectateur s'installe. Serait-elle réellement partie ? Aussitôt, ce doute est contrebalancé : elle est à la fenêtre, endormie. Aurait-elle alors seulement rêvé ? Comment savoir ?

Quand elle se réveille, elle dit à sa mère qu'elle et ses frères ont vécu une merveilleuse aventure ! Elle a vu la fée Clochette, des sirènes et même Peter Pan ! Oh lui, ajoute-t-elle, c'était le plus merveilleux de tous ! Quand ils se sont fait kidnapper, elle était sûre que Peter viendrait les sauver et il est venu. Et ils l'ont tous traité de poisson pourri ! Qui ça ? – Le capitaine Crochet, bien sûr ! Et ensuite ils ont tous vogué sur un bateau volant. Mais ils sont revenus, elle et ses frères. Les Garçons perdus, eux, n'étant pas prêts à grandir, sont repartis au Pays imaginaire.

Délire-t-elle ou raconte-t-elle la réalité ? Tandis qu'elle s'approche de la fenêtre, elle ajoute que le navire de Peter est vraiment magnifique. La mère n'en croit alors pas ses yeux : un navire semble, en effet, voler dans les nuages. Même son pragmatique de père le reconnaît.

Interprètent-ils les formes des nuages ou y a-t-il réellement un navire dans les nuages ?

Faute de critère, Disney semble choisir son camp : celui de ceux qui préfèrent enchanter la vie et assumer l'impossible tracé entre réel et fiction. Plutôt que de déplorer cette impossibilité à discriminer le réel du rêve, le dessin animé semble même y voir le moyen d'être heureux. Rêver sa vie en couleurs, c'est là le secret du bonheur…

Notes :
PLATON, *Théétète.*
DESCARTES, *Méditations métaphysiques.*

12

Atlantide

Quand le mythe devient réel...
dans la fiction !

> « Il faut croire ce que racontent les mythes. »

Mon nom est Preston Witmore. J'ai connu mon vieil ami, votre grand-père, Tadeus Tacher, à Georgetown, il y a bien longtemps. Pendant de nombreuses années, votre grand-père n'a cessé de me parler d'un vieux bouquin, le manuscrit du berger, qui offrirait à qui saurait le déchiffrer la clé de la route vers l'île d'Atlantide.

Évidemment, je ne l'ai pas cru. Pour ne plus l'entendre, j'ai fait un pari avec ce vieux croûton. Je lui ai dit que s'il venait un jour à trouver son précieux manuscrit, non seulement je financerais son expédition mais en plus je l'embrasserais sur la bouche ! Et il l'a trouvé ! Votre grand-père était un grand homme. Les bouffons du Museum où il travaillait lui ont savonné la planche. Il est devenu la risée de tous. On le prenait pour un illuminé. Personne ne voulait le croire. Il en est mort de chagrin. J'ai hérité du livre.

Jamais Preston Witmore ne trahit sa parole. Je passerai de l'autre côté avec la conscience tranquille. Si je pouvais ramener une toute petite preuve, je serais un homme comblé. L'expédition est prête : géologue, expert en forage, surdoué en mécanique, j'ai engagé tout le personnel nécessaire. Tout ce qu'il nous manque c'est un expert en galimatias car le livre est écrit dans une langue étrange. Vous seul, Milo Thatch, pouvez, fort de votre savoir en langues anciennes, le traduire.

Vous avez le choix : vous pouvez bâtir votre avenir sur les traces de votre aïeul ou continuer tranquillement à mener votre petite vie dans laquelle vous choisirez de ne croire que ce que vous pouvez voir. L'Atlantide vous attend. Que décidez-vous ?

VOUS AVEZ DE GRANDES CAPACITÉS, MILO. NE LES GÂCHEZ PAS EN POURSUIVANT DES CHIMÈRES.

Pourquoi financer une expédition si coûteuse vers l'Atlantide ? vous demandez-vous peut-être. Ne s'agit-il pas seulement d'un mythe ? Dans *Atlantide, l'empire perdu*, deux camps s'affrontent sur la question.

D'abord, celui des scientifiques du Muséum. Pour eux, ceux qui croient à l'Atlantide ont sombré dans la folie. Un esprit sain ne devrait même plus prononcer le nom d'Atlantide ! Le Museum ne peut et ne doit financer que des expéditions *scientifiques* qui reposent sur des *faits* et non sur des contes de bonne femme ! Aussi, à la question qui vous est posée quant à savoir si vous rejoignez ou non l'expédition du vieux fou qu'est Preston Witmore, ces scientifiques vous diraient que vous avez probablement de grandes capacités. Ne les gâchez pas en poursuivant des chimères.

Contrairement à eux, certains choisissent de croire en cette légende ancienne. C'est le cas de Tadeus Thatch mais aussi celui de son vieil ami Preston Witmore. Pour eux, l'Atlantide est tout sauf une fiction. Elle aurait existé quelque part au milieu de l'Atlantique et aurait été habitée par une civilisation dont la technologie était fort supérieure à la nôtre avant d'être brutalement frappée par un effroyable cataclysme puis engloutie. Les habitants de l'Atlantide avaient l'électricité, d'étonnantes connaissances médicales et avaient même inventé l'aviation. Ils possédaient en outre une mystérieuse source d'énergie.

Le manuscrit du berger possédé par Witmore raconterait la première l'Histoire de l'Atlantide et livrerait la clé pour sa localisation.

CECI N'EST PAS UN CONTE.

À l'origine de ce dessin animé, c'est Platon qui, le premier, dans deux ouvrages, le *Timée* et le *Critias,* évoque l'île des Atlantes. En l'exposant, il met en garde son lecteur : ceci n'est pas un conte !

Bien qu'il accorde toutefois que son récit est fait d'après une antique tradition orale, il ajoute qu'il reste absolument vrai. Ce récit aurait des sources écrites égyptiennes et aurait été également transmis oralement de Solon à Critias l'Ancien puis de ce dernier à son petit-fils qui lui aussi s'appelle Critias, lequel l'aurait répété à son tour à Timée. Aussi, les textes de Platon seraient de fidèles témoignages.

Au début du mythe, il y a l'amour du dieu Poséidon pour la jeune Clito. Cette orpheline habite sur une colline au centre d'une île gigantesque. Poséidon transforme l'île en forteresse en l'entourant d'anneaux de terre et de mer de plus en plus grands. Le centre de l'île devient inaccessible aux humains. Là, Clito et Poséidon mettent au monde cinq couples de jumeaux mâles. Chaque couple de jumeaux comporte un aîné et l'aîné de tous les jumeaux s'appelle Atlas. C'est de ce garçon que l'île et l'océan Atlantique tireront leur nom. La richesse de l'Atlantide est fabuleuse, nous dit Platon. La nature y est prodigue en toutes choses : richesses agricoles, minières, or. Telle est la fameuse Atlantide. Et ceci n'est pas un conte ! Pourtant…

Pourtant, la question se pose de savoir quelle est la nature de ce récit dont Platon nous précise qu'il n'est pas un conte. Car les mythes de Platon ne se laissent jamais réduire à l'un des termes de l'alternative entre vrai et fictif, entre réel et mensonge. Le mythe relève selon Platon du *vraisemblable*, c'est-à-dire d'un récit qui n'est ni tout à fait mensonge ni tout à fait vérité. Le mythe se situe dans une zone d'incertitude où, sans être inscrit dans le régime de la véracité factuelle, il ne cesse pas pour autant de signifier. Le mythe est un objet singulier qui n'est ni vrai ni faux et qui parvient à dire le vraisemblable sans être le vrai.

L'Atlantide est tout sauf une fiction.

Les débats quant à la véritable existence de l'Atlantide continuent aujourd'hui encore d'agiter vivement la communauté scientifique. Si la ville de Troie a été découverte par Heinrich Schliemann en 1870, les recherches de l'île d'Atlantide n'ont jamais abouti. Cependant, nombreux sont ceux qui continuent de croire et de chercher la magnifique cité des Atlantes. En 2015, des plongeurs auraient découvert au large de la Sicile des lingots d'orichalque, métal précieux des Atlantes. En 2016, des données scientifiques auraient étayé la thèse selon laquelle la Sardaigne est un morceau d'Atlantide tandis que d'autres explorateurs pensaient la découvrir sous l'Antarctique. Bref : chaque année de nouvelles découvertes relancent le mythe.

Une seule certitude : le manuscrit du berger dont parle le film est en fait le texte de Platon. C'est le *Timée* ou le *Critias* ! Quel crédit lui accorderez-vous ? Êtes-vous donc de ceux pour qui les contes et les mythes ne sont que des affabulations et qui considèrent que croire en ses rêves est une preuve de démence ? Ou bien, au contraire, choisirez-vous la magie d'espérer dans ce qui n'est que probable et de rêver avec les contes d'un univers ni tout à fait réel ni tout à fait irréel ? On le voit : ce dessin animé est une parabole des Disney eux-mêmes. Il permet au mythe de devenir réel… dans la fiction ! Mais ce sont, au fond, tous les Disney qui portent à l'écran des mythes et des légendes face auxquelles il nous appartient de choisir quel degré de véracité leur accorder. Et le message du film *Atlantide, l'empire perdu* nous enjoint, une fois n'est pas coutume, de croire en ce qui ne semble être que rêve.

Grand faiseur de mythes, Platon, dans l'un d'entre eux, préfigure l'existence d'un art qui n'existait pas alors. La célèbre allégorie de la caverne, en effet, ne décrit-elle pas un lieu qui ressemble à une salle de cinéma ? Et si les films d'animation de Disney possédaient cette même vertu, par une commune nature à celle que nous prêtons aux mythes de Platon, à savoir instruire tout en divertissant ? La fiction n'est donc pas totalement l'ennemie du vrai.

Notes :

PLATON, *Timée*.
PLATON, *Critias*.
PLATON, *La République*.

IV

« Peux-tu peindre en mille couleurs l'air du vent ? » Nature, vivant, humain

13

Pocahontas

Qui sont les sauvages ? Montaigne et Pocahontas

> « Pour toi, l'étranger ne porte le nom d'homme que s'il te ressemble et pense à ta façon. »

Embarquons en l'année 1607 à bord d'un navire de la Virginia Company à la conquête d'un pays de paradis. Direction : la Virginie ! Il paraît que, là-bas, sur les plages, les galets sont des diamants et les rivières sont en argent. La perspective de tout cet or nous fait tourner la tête ! Le capitaine John Smith, vieux baroudeur, sera des nôtres.

Sur le pont du navire, le gouverneur Radcliffe gonfle notre courage en nous rappelant ce qui nous attend dans le Nouveau Monde : liberté et prospérité. Oui, c'est l'aventure de notre vie ! La chasse au trésor ! La passion de l'or ! Car tout l'or de Cortés, tout l'argent de Pizarro ne seront demain que des fadaises en comparaison de ce que nous trouverons ! À l'aide de nos pelles et de nos pioches, nous creuserons la roche et déterrerons l'or qui dort dans les mines. Rien, nous dit-il, ni le vent, ni la pluie, ni des centaines de sauvages sanguinaires n'entraveront notre succès ! Des sauvages ? C'est que la Virginie est habitée par des Indiens qui n'entendent pas être envahis et réduits en esclavage.

Ils vivent là-bas au son calme du tam-tam tandis que vont et viennent, paisiblement, les saisons. Quand l'été danse et s'enflamme, c'est le temps de la moisson. Et alors que des saumons d'argent brillent dans l'eau claire des rivières, ils invoquent le Maître de l'ordre et du temps afin qu'il garde le feu millénaire dans le cœur de ses enfants.

Ainsi vivent ces Indiens que Radcliffe nous enjoint de tuer, nous passagers de la Virginia Company, pour s'approprier leurs terres. Il charge même John Smith de veiller à ce que ceux qu'il appelle « les indigènes » ou les « moins-que-rien » ne perturbent pas notre mission. Radcliffe veut ramener à la cour du roi Jacques tant d'or qu'il en retirera à jamais une gloire éternelle.

Sur les terres de Virginie, Pocahontas, fille du grand chef indien, voit se dessiner au loin d'étranges nuages. Ce sont les voiles des navires anglais qui arrivent.

Que va-t-il résulter de cette rencontre ? Considérerons-nous Pocahontas et les siens comme Radcliffe nous enjoint de le faire ou parviendrons-nous à mettre en crise ce concept de « sauvage » qui discrimine indûment ce qui nous est étranger comme nous étant inférieur ?

Des sauvages ! Même pas des êtres humains !

Alors que les Anglais débarquent, Pocahontas, tapie derrière des branchages, observe avec amusement John Smith sympathiser avec le raton laveur qui dévore ses biscuits. Cet inconnu ne lui semble pas hostile *a priori*. Tel n'est pourtant pas l'avis du conseil des Indiens. Le sage Kekata soutient que ces pâles visiteurs ne sont pas des hommes mais d'étranges monstres au corps étincelant comme le soleil munis d'armes qui crachent le feu et le tonnerre. Ils rôdent sur la terre comme des loups affamés, dévorant tous ceux qui croisent leur route. De son côté, Radcliffe revendique immédiatement la terre de Virginie au nom du roi Jacques Ier et commande à Smith de trouver les sauvages. La défiance est donc mutuelle.

Pour Radcliffe, il n'y a rien à faire avec ces païens d'Indiens, race de vipères, de bons à rien. Pire : il veut « tuer ces bêtes d'une balle dans la tête ». Les sauvages ne sont pas des êtres humains pour lui mais des païens qui sont forcément méchants parce qu'ils ne sont pas blancs. Face à eux, il faut battre les tambours de guerre et commencer le carnage.

Et de fait, les Anglais ouvrent le feu sur les Indiens. Devant une telle agression, le chef indien Powhatan conclut que les hommes blancs sont dangereux. Ils sèment la mort sans remords. Ce sont des démons et des tueurs sans cœur. Le seul dieu qu'ils adorent, c'est l'or. Dessous leur peau de lys, se cachent d'innombrables vices. Bref : les visages pâles sont des sauvages. Même pas des êtres humains. « Ils ne sont pas comme nous », assène-t-il. Aussi personne ne doit les approcher.

Il ne sait pas qu'au même moment sa fille Pocahontas se trouve aux côtés de John Smith, l'homme blanc qui a charge d'anéantir les Indiens. Dans un face-à-face silencieux, chacun sondant le regard de l'autre, John et Pocahontas se reconnaissent réciproquement comme humains dignes de respect. Miraculeusement, ils vont même se comprendre et parler la même langue.

Néanmoins, malgré cette entente immédiate et profonde, Smith ne parvient pas immédiatement à se débarrasser de ses préjugés sur ce qui fonde la dignité humaine. Il maintient une hiérarchie entre les Anglais et les Indiens. Il revendique le fait que les Anglais font beaucoup pour les sauvages à travers le monde. Pocahontas le reprend alors. Comment ose-t-il parler de « sauvages » ? John Smith s'excuse : il ne parle pas d'elle et « sauvage » n'est qu'un mot qu'il applique à ceux qui ne sont pas civilisés. Pocahontas rétorque alors que Smith appelle « sauvages » ceux qui sont simplement différents de lui.

Pour Smith, elle n'est qu'une ignorante sauvage. Il parle de sa différence sans malveillance, sans même se rendre compte de ce qu'il y a d'offensant dans son propos. Mais cet emploi du mot « sauvage » montre, selon elle, que ses yeux sont remplis de nuages…

Chacun appelle barbarie ce qui n'est pas dans ses coutumes.

C'est exactement ce que pense le philosophe Montaigne. Dans les *Essais*, il soutient qu'il n'y a rien de barbare et de sauvage dans ces nations que découvrent les grands conquérants sinon que chacun appelle « barbare » ce qui n'est pas de son usage. Nous ne semblons pas réussir à voir les choses autrement que dans la perspective qui est la nôtre. Un peu de modestie nous conviendrait mieux afin de prendre de la distance sur ce que nous appelons le « vrai » et la « raison ». Ce que nous appelons tel ne désigne jamais, au fond, que les opinions et les usages du pays où nous sommes. Le concept de « sauvage » ne relève que d'un rejet de ce qui nous est étranger et d'un dogmatisme qui n'a pas de mise.

Pocahontas 2 repose sur un scénario qui relate une expérience que Montaigne lui-même rapporte. Il raconte, en effet, comment il a eu l'occasion de voir à Rouen trois prétendus « sauvages » qui étaient tout aussi étonnés par les mœurs des Européens que les Européens l'avaient été devant les mœurs des Indiens en découvrant le Nouveau Monde.

De surcroît, Montaigne double son rejet du concept de « sauvage » par une critique de la civilisation. Toujours dans son essai sur les cannibales, il relève tout ce qui est en faveur de ces dits « cannibales » depuis leur instinct moral, leur mesure, leur poésie et leurs chants jusqu'à leur conduite honorable dans les combats.

Bien sûr, certaines de leurs actions peuvent susciter l'effroi. Certains peuples mangent leurs morts, nous apprend-il. Mais cet usage trouve ses raisons dans leur foi. Et si nous jugeons cela barbare, Montaigne nous demande alors ce que nous devons penser du fait de tuer des hommes bien vivants comme nous le faisons dans les États qui admettent la peine de mort et la torture ?

Montaigne somme ses contemporains de comprendre que ceux qu'ils appellent « barbares » ou « sauvages » vivent dans le bonheur tranquille d'une nature toute proche. Ils ne croient pas que la terre leur appartienne tout entière. Ils ne pensent pas qu'il s'agisse d'un tapis de poussière. Ils savent que la pierre, l'oiseau et les fleurs ont une vie, un esprit et un cœur. Ils comprennent le chant d'espoir du loup qui meurt d'amour et les pleurs du chat sauvage au petit jour. Ils savent peindre en mille couleurs l'air du vent. Leur art et leur technique ne les ont pas coupés de la nature. En somme, les Indiens ne sont pas des sauvages. C'est bien plutôt l'inverse : ce sont les colons qui leur ont inoculé leur barbarie.

Quel que soit l'homme, et qu'importe la couleur de sa peau, nous tournons tous ensemble au fil des jours, dans un cercle, une ronde à l'infini.

Pour toi, l'étranger ne porte le nom d'homme que s'il te ressemble et pense à ta façon.

Telle est bien la leçon que Pocahontas disciple de Montaigne enseigne à John Smith. Pour lui, l'étranger ne porte le nom d'homme que s'il lui ressemble et pense à sa façon ! Mais il faut se questionner. Penser ainsi, est-ce avoir raison ?

La critique de Pocahontas atteint John Smith comme elle nous atteint, nous spectateurs. Sommes-nous si sûrs d'être civilisés ? Dans *Pocahontas 2*, la barbarie avec laquelle on traite les animaux dévoile le fond de cruauté et de sauvagerie de notre civilisation qui préfère ne se voir qu'à travers le raffinement de ses soirées à la cour. Venue à Londres pour y rencontrer Jacques Ier, Pocahontas apprend durant des heures les règles de bienséance afin de faire bonne figure au bal de Sa Majesté. Pourtant ce qu'elle découvre en pénétrant à la cour, c'est la plus exquise barbarie lorsque les spectateurs se réjouissent de la torture subie par un ours. Ici, la cruauté des prétendus civilisés contraste avec la bonté naturelle des Indiens.

Pocahontas donne également cette leçon à son père, à sa tribu tout entière et aux visages pâles qui se font face en se jetant sur John Smith qui a été capturé, prévenant ainsi son exécution.

Par son sacrifice, elle dévoile aux visages pâles l'humanité des siens. Les Anglais refusent alors d'attaquer les Indiens. Smith à son tour s'interpose entre le chef Powhatan et le fusil haineux de Radcliffe, préférant être blessé lui-même plutôt que la balle n'atteigne le chef indien. Les deux camps ont cessé de se rejeter. Powhatan déclare même à Smith qu'il sera toujours bienvenu et qu'il fait désormais partie des leurs.

Le dessin animé, qui finit par le départ amical des colons, masque ainsi la dimension tragique de la véritable histoire de Pocahontas. Cette dernière a échoué : son peuple a été détruit et la prétendue « civilisation » a étendu son modèle sur le continent.

Pocahontas et Montaigne nous donnent une leçon en nous renvoyant à notre barbarie et en nous invitant à accueillir l'altérité avec plus de bienveillance. *Pocahontas* nous rappelle que si nous sommes humains, rien de ce qui est humain ne doit nous être étranger.

Note :
MONTAIGNE, *Essais*, I, 32.

14

Là-Haut

Les animaux peuvent-ils parler ?

> *« Mon nom est Doug, je viens à peine de vous rencontrer mais je vous aime déjà. »*

Bonjour Madame, bonjour Monsieur, je m'appelle Russell et je suis un explorateur de la tribu des Wapitis, section cinquante-quatre, douzième campement... Avez-vous besoin que je vous rende un service aujourd'hui ? Je peux vous aider à traverser la rue ? Je peux vous aider à traverser votre jardin ? Alors... Je peux vous aider à traverser votre couloir ? Mais il faut bien que je vous aide à faire quelque chose moi !

Vous voyez ça : c'est tous les badges que j'ai gagnés dans ma vie d'explorateur. Si vous remarquez bien il en manque un. C'est le badge d'assistance aux personnes en difficulté. Si j'obtiens celui-là je passerai dans la tribu sacrée des explorateurs confirmés : ce sera fantastique ! Vous avez un problème ? Parfait ! Je vais le résoudre pour vous ! Vous voulez savoir si les animaux parlent ? C'est une mission que j'accepte !

Il est vrai que si les animaux semblent communiquer entre eux – certains profèrent même des mots comme les perroquets – on peut se demander s'il faut accorder le langage aux animaux comme aux humains.

Certains considèrent que les animaux émettent des sons qui ne sauraient constituer un langage. Ces cris sont, pour eux, mécaniques et traduisent des émotions mais jamais des pensées. En ce sens, ils ne forment pas un langage. D'autres pensent que ce qu'il nous manque pour attribuer le langage aux animaux, c'est la compréhension de leurs échanges et une forme d'humilité. Non, les hommes ne sont pas les seuls animaux doués de langage.

Que penser ? Voilà une digne mission d'un prétendant au grade d'explorateur confirmé des Wapitis ! Partons à l'aventure : empruntons un ballon dirigeable et rejoignons deux grands aventuriers de la philosophie pour écouter leur sagesse.

Pour se débarrasser de l'importun enfant qui vient sonner à sa porte en lui offrant ses services, le vieillard Carl Fredricksen lui confie une mission qu'il ne peut accomplir : capturer le dabou qui, toutes les nuits, dévore ses azalées. Naïf et enthousiaste, Russell se met immédiatement en quête de l'animal et ne ménage pas ses efforts. Il traque sans répit le méchant tabou. C'est ainsi qu'il se retrouve embarqué lorsque la maison de Fredricksen s'envole magnifiquement, portée par les milliers de ballons multicolores gonflés durant la nuit par le vieil homme.

Les voici donc tous deux en direction des Chutes du Paradis. C'est là-bas qu'ils font la rencontre de Doug, un chien. Russell constate à quel point ce chien semble bien dressé. En effet, dès qu'il lui demande de donner la patte, le chien s'exécute. Et quand Russell demande au chien de dire : « Bonjour ! », à la grande stupeur des deux humains, le chien répond réellement : « Bonjour ! » Serait-ce ce chien qui vient de dire bonjour ? demande Fredricksen. Oui, répond le chien qui ajoute : « Mon nom est Doug, je viens à peine de vous rencontrer mais je vous aime déjà. » Il explique que son maître, Charles Muntz, lui a fabriqué le collier qu'il porte, que son maître est intelligent et gentil. S'il a fabriqué ce collier, c'est justement pour qu'il puisse parler. En appuyant sur le bouton qui se trouve sur le collier, Russell fait varier les langues dans lesquelles s'exprime Doug. Ce dernier se met alors à parler en espagnol, en anglais, en français. Fredricksen, sceptique, dit que le chien ferait mieux d'aboyer comme un vrai chien. Doug se met alors à aboyer comme si l'aboiement n'était justement que l'une des langues possibles d'expression – tout comme l'espagnol ou l'anglais.

Nous rencontrerons ensuite d'autres chiens qui parlent tels les trois molosses Alpha, Bêta et Gamma qui appartiennent également à la meute de Charles Muntz. Cet explorateur déchu vit aux Chutes du Paradis et consacre sa vie à la traque d'un oiseau exotique de très grande taille. Cet oiseau, nous le rencontrerons aussi et Russell le baptisera Kevin. Kevin est d'ailleurs le seul animal de *Là-haut* à ne pas parler, ce qui ne l'empêche pas de communiquer avec ses enfants restés au nid. Il n'est d'ailleurs pas improbable de penser que si Kevin disposait du collier fabriqué par Muntz, nous pourrions comprendre ce qu'il dit.

Pourquoi les animaux ne se parleraient-ils pas entre eux, puisqu'ils nous parlent, et que nous leur parlons ?

Contrairement à Russell, Fredricksen n'est pas stupéfait devant ce chien qui parle : il considère qu'on lui fait une farce et que le collier n'est qu'un gadget. Son scepticisme le rapproche d'un philosophe : Descartes.

Pour ce dernier, le langage est uniquement le propre de l'homme. Cette thèse s'explique par la définition qu'il donne du langage : il n'y a langage à proprement parler que lorsque les sons traduisent une pensée qui les a précédés. C'est pourquoi les sons émis par les animaux ne sauraient constituer un langage. Chez l'animal, même chez l'animal qui profère des paroles comme le perroquet, le son traduit des passions comme la crainte ou l'espérance, jamais des pensées ou des représentations. L'animal émet des sons par réaction mécanique ou comme par réflexe, sans y penser. L'homme, à l'inverse, même si les organes de la parole lui font défaut (comme pour le muet), dispose du langage, c'est-à-dire de la capacité à signifier. Il n'y a donc authentiquement signification que dans la mesure où le signe accompagne une représentation de ce qu'il désigne.

On n'a jamais vu, écrit Descartes, de bête si parfaite qu'elle ait usé de quelque signe pour faire entendre à d'autres animaux quelque chose qui n'ait point de rapport à ses passions. Comprenons : même le plus intelligent des animaux n'a jamais proféré un signe qui n'ait pas de rapports avec ses instincts. Un chien aboie pour exprimer sa peur ou sa faim mais jamais pour se demander s'il vaut mieux être ou ne pas être. En revanche, tous les hommes, y compris ceux qui sont sourds et muets, inventent des signes particuliers par lesquels ils expriment leurs pensées. Si donc les animaux ne parlent pas, c'est parce qu'ils n'ont aucune pensée et non parce que les organes ou un collier bien conçu leur manque. Les animaux ne parlent pas même entre eux : ce n'est pas parce que nous ne comprenons pas leur langage que nous leur nions la capacité à parler. Mais simplement parce qu'ils n'ont pas de pensée.

Russell ne partage ni le jugement de Fredricksen ni celui de Descartes. C'est vers le philosophe Montaigne qu'il convient de se tourner pour comprendre sa pensée. Pour l'auteur des *Essais*, nous traitons les animaux de façon impudente. Si nous ne sommes pas à même de comprendre le langage animal, ce défaut ne vient-il pas de nous ? Et pourquoi en conclure qu'ils ne parlent pas ?

Nous voyons bien qu'il existe entre les animaux une pleine et entière communication et qu'ils se comprennent ; non pas seulement ceux qui appartiennent à la même espèce, mais également lorsqu'ils appartiennent à des espèces différentes. Si les animaux sont privés de la parole, ils signifient par des cris divers et variés : « Le cheval sait que le chien est en colère quand il aboie d'une certaine façon, et d'une autre sorte d'aboiement il ne s'effraie pas. » Et quand les animaux n'ont pas de voix, ils possèdent d'autres moyens de communication : leurs mouvements expriment des raisonnements et exposent des idées. Bref, pour Montaigne : lorsqu'ils se plaignent, se réjouissent, lorsqu'ils s'appellent au secours ou à l'amour, les animaux se parlent entre eux et nous parlent comme ils savent aussi nous répondre. Le collier fabriqué par Muntz permettrait d'accéder pleinement à un langage auquel nous refusons de croire parce que nous ne le comprenons pas toujours.

Je me suis caché parce que je vous aime. Je peux rester ?

Alors, êtes-vous du côté de Muntz qui certes est un homme méchant sous bien des aspects mais qui a le mérite d'avoir compris que les animaux parlent ? Ou bien du côté du premier Fredricksen qui refuse de croire qu'un chien puisse parler ?

Cette position philosophique sur le langage animal a des répercussions sur le traitement que nous faisons des animaux eux-mêmes : si l'on considère que l'animal ne pense ni ne parle, il se présente à nous comme un être vivant qui n'a au fond pas grand-chose de plus qu'une machine. C'est pourquoi dans le cadre d'un conflit de devoir, comme dans le dilemme qui consisterait à choisir entre sauver la vie d'un animal, comme Kevin, ou sauver ses souvenirs, en protégeant sa maison du feu, il est possible de préférer sauver ses souvenirs. C'est le choix que fait d'abord Fredricksen.

Mais justement, Fredricksen prend conscience de l'importance de la vie de Kevin et choisira par la suite de sacrifier ses souvenirs pour protéger la vie de l'animal. Carl Fredricksen, au contact du jeune Russell, évolue sur sa position relativement aux animaux. Il choisit le camp de Montaigne et demanderait que Descartes, lui, porte la collerette de la honte.

Notes :

DESCARTES, *Lettre au marquis de Newcastle*, 23 novembre 1646.

MONTAIGNE, *Essais*, II, 12.

15

Les 101 Dalmatiens

Cruella et l'éthique animale

> « Le jour viendra peut-être où le reste de la création animale obtiendra ces droits qui n'auraient jamais pu être refusés à ses membres autrement que par la main de la tyrannie. »

Je me nomme Pongo. À l'époque où commence l'histoire que je vais vous raconter, je vivais avec mon fidèle compagnon Roger Radcliffe à deux pas de Regent's Park à Londres. C'était le printemps. Roger était musicien. Il n'avait qu'une passion : composer des chansons. Des chansons d'amour, bien entendu. Comme nous étions tous deux célibataires, ce choix de chansons était assez étonnant car nous ne connaissions, ni l'un ni l'autre, rien à l'amour. J'espérais que Roger trouve enfin une compagne séduisante afin d'occuper sa solitude.

C'est alors que j'aperçus par la fenêtre la plus adorable des créatures à quatre pattes accompagnée d'une amie non moins charmante, qui se dirigeait vers le parc. Quel meilleur endroit pour une rencontre ? C'était parfait ! Nous tenions là l'un et l'autre de quoi animer notre vie ! Je fis en sorte que Roger comprenne qu'il était l'heure de sortir promener et, une fois au parc, je fis tout mon possible pour que mon compagnon et la demoiselle que j'avais repérée se parlent…

Je réussis au-delà de mes espérances ! Roger trouva une épouse en Anita et je rencontrai moi aussi l'amour en la personne de Perdita. C'était merveilleux. Nous nous promîmes les uns et les autres le même jour de nous aimer jusqu'à ce que la mort nous sépare.

Durant les premiers six mois de notre union, nous vécûmes tous ensemble dans une petite maison modeste près du parc – un endroit idéal pour deux couples qui démarrent dans la vie. À nos côtés et pour nous aider, se trouvait Nanny, un fin cordon-bleu qui était si bonne.

C'est alors que j'appris l'heureuse nouvelle : Perdita était enceinte. Nous allions être parents ! Ah, je dois vous dire quelque chose aussi, au cas où cela change votre vision des choses… Perdita et moi sommes deux dalmatiens de belle race, au pelage blanc tacheté de noir. Oui, c'est ça, nous sommes des chiens. Vous nous voyez différemment du coup ?

Quelle femme dans cette vallée de larmes pourrait ne pas aimer les fourrures ?

Quelqu'un nous voyait différemment : Cruella d'Enfer, la chère et vieille compagne de classe d'Anita. Cruella était une diablesse jetant des sorts dans toute la ville. Elle était si laide et si effrayante que chacun avait le frisson en la voyant. Physiquement ? On aurait dit une araignée guettant sa proie. Elle faisait penser aussi bien au diable qu'évoque son nom qu'au vampire prêt à vider sa proie de son sang. Ce qu'il aurait fallu, c'était l'enfermer tant elle était perverse.

Elle vint soudainement sans invitation nous rendre visite et l'objet de sa venue ne tarda pas à se faire connaître. C'est à nos futurs enfants qu'elle s'intéressait. Elle n'était venue que pour eux, les bébés chiens. S'y intéressait-elle par amour ? – Non, bien sûr ! Elle souhaitait en faire des manteaux de fourrure, sa seule et unique passion. Elle n'aimait que ça au monde. Pour elle, aucune femme dans cette vallée de larmes ne pouvait ne pas aimer les fourrures. Pour ma part, j'avoue ne pas comprendre.

Comme on lui apprit qu'il restait trois semaines avant que les petits ne viennent au monde, elle repartit non sans insulter la maison, une laideur à ses yeux, comme le maître des lieux, mon cher Roger.

Cette horrible sorcière voulait donc nos enfants. Inconscients des dangers qui les guettaient, ils vinrent au moment prévu par une nuit d'octobre où la tempête faisait rage. Ils furent d'abord huit puis dix puis onze puis quinze ! Roger m'adressa les compliments d'usage lorsque, dans un éclair effrayant, surgit l'odieuse Cruella. Elle voulait acheter la portée tout entière quel qu'en soit le prix ! Anita ne devait pas être ridicule, hurlait-elle, elle avait à peine de quoi payer à manger à son mari ! Pour clore les débats, elle proposa même le double de la valeur. Roger, véritable héros, refusa cette offre odieuse. Mais Cruella promit qu'elle aurait sa vengeance et que nous le regretterions. De fait, un soir que nous nous promenions au parc tous les quatre, après avoir confié les petits à Nanny, deux affreux voleurs au service de Cruella firent effraction dans la maison. Ils volèrent nos enfants.

Peuvent-ils souffrir ?

Voyons si vous êtes une Cruella en puissance. Imaginez un canot de sauvetage pris dans une tempête en pleine mer. À son bord, il y a quatre hommes et un chien. Tous les cinq vont mourir si aucun homme n'accepte d'être sacrifié ou si le chien n'est pas jeté par-dessus bord. Est-il moralement permis de jeter le chien à la mer sans autre argument ? Il est possible que certains parmi vous répondent qu'il est moralement autorisé de jeter le chien. La raison en serait que la vie d'un homme vaut davantage, par nature et par principe, que la vie d'un chien. Le philosophe Kant serait d'accord avec vous. Pour lui, l'homme seul parmi les créatures de la nature, parce qu'il possède une aptitude à la moralité, revêt une dignité – ce qui lui confère une valeur incommensurable. Il faudrait donc préserver et sauver l'homme en tant qu'il est porteur de la loi morale, quitte à laisser mourir un chien.

Si vous pensez cela, répondez toutefois à cette nouvelle question : supposez à présent que ces hommes soient des nazis en fuite, auteurs de massacres barbares et que le chien soit un de ces sauveteurs héroïques, qui a permis à une dizaine de personnes d'échapper à une mort atroce après un tremblement de terre. Est-ce que cela changerait quelque chose à votre façon d'évaluer leurs droits respectifs à rester sur le canot de sauvetage ?

Il est bien possible que certains de ceux qui ont tout à l'heure choisi de sauver l'humain veuillent désormais changer d'opinion. Certains préféreront épargner un chien sauveteur qu'un nazi en fuite. Ils préféreront sauver Baloo que Jafar, par exemple. Mais alors qu'en est-il de l'argument selon lequel la vie humaine serait préférable *par principe* ? On voit bien que les tenants de cette hiérarchie entre les espèces (que l'on appelle, pour cela, des spécistes) se contredisent.

Et s'ils préfèrent épargner le nazi plutôt que le chien sauveteur, il est difficile d'entendre leur argument qui a pourtant d'augustes références : Kant pour qui, on l'a vu, l'essentiel est l'aptitude à la moralité (quand bien même cette aptitude n'a pas été traduite dans des actes) ou encore Descartes. Ce dernier considère, lui, que les animaux agissent naturellement comme par ressorts, comme des mécaniques bien réglées. Lorsque les hirondelles viennent au printemps, elles agissent en cela comme des horloges, explique-t-il. Bref : les animaux n'agissent que par instinct, et sans y penser. Ils sont comme des machines. L'homme seul possède la pensée et le langage – ce qui le place au-dessus dans l'échelle des êtres.

Tirons les conséquences d'une telle pensée. Cruella qui entend dépecer les petits chiots pour se faire un manteau de fourrure utilise les animaux comme des moyens en vue d'une fin. Est-ce si choquant que cela dans la mesure où l'on ne parle pas d'êtres possédant une dignité ? S'aviserait-on de pleurer si l'on utilisait le verre d'une horloge pour protéger une photo dans un cadre ? On réutiliserait une partie de la machine dans un usage différent. C'est ce que fait Cruella.

Un philosophe anglais du nom de Bentham serait horrifié par les considérations qui précèdent et par le personnage de Cruella. Il appelle de ses vœux le jour où le reste de la création animale en dehors de l'homme acquerra ces droits qui n'auraient jamais pu être refusés à ses membres autrement que par la main de la tyrannie.

Si les Français ont déjà découvert, écrit-il, que la noirceur de la peau n'est en rien une raison pour qu'un être humain soit abandonné sans recours au caprice d'un bourreau, il faudrait rapidement reconnaître que le nombre de pattes, la pilosité de la peau, ou la façon dont se termine le sacrum sont des raisons également insuffisantes pour abandonner un être sensible à ce même sort.

Il nous interroge : quel critère devrait marquer la ligne infranchissable en matière de morale ? Est-ce la faculté de raisonner ou celle de parler comme le veut Descartes ? Si c'est le cas, force est de reconnaître qu'un cheval ou un chien adulte sont des animaux incomparablement plus rationnels, et aussi plus causants, qu'un nouveau-né. Est-ce l'aptitude à la moralité comme le dit Kant ? Quel est le bon critère ? À la raison et au langage ne doit-on pas préférer celui de la capacité à souffrir ?

Parce qu'ils sont doués de sensibilité, Bentham inclut les animaux comme des individus à part entière dans le raisonnement moral qui nous commande, selon lui, d'engager l'action qui engendrera le maximum de plaisir pour le plus grand nombre de personnes.

Sacrifier les dalmatiens pour un manteau ou renoncer au manteau pour préserver les chiots, quel est le choix moral ? Les dalmatiens sont au nombre de 101 auxquels il faut ajouter Pongo et Perdita les parents ainsi que Roger et Anita. Cent cinq personnes seraient affectées négativement par l'acte de Cruella. De l'autre côté de la balance, seule Cruella serait affectée positivement par la confection des manteaux. Le résultat est donc sans appel : la mise à mort des chiots est immorale.

Cruelle diablesse !

Tandis que le vol des chiots fait les gros titres des journaux, Cruella se délecte. Elle a été convoquée par la police qui n'a rien trouvé. De fait, les chiots sont bien cachés dans un château sous la surveillance des deux voleurs sans cœur.

Bien qu'ils soient trop petits pour qu'elle en tire le meilleur profit, Cruella veut que le travail soit terminé au plus tôt. Même si elle ne peut en tirer que six manteaux, elle ordonne que les chiots soient tués et au plus vite ! Un poison, un coup de pierre, peu importe pourvu qu'elle ait ses manteaux.

Heureusement, les chiots parviennent à s'enfuir, retrouvent leurs parents en chemin et, comme un miracle de Noël, rentrent à la maison. Cruella est défaite.

Dès 1961, bien avant les débats qui agitent notre époque, Disney, par la forme du dessin animé (l'histoire est contée par le chien Pongo comme ici) comme par le fond (en montrant l'âme sombre de Cruella et la détresse des chiots), nous invite à éveiller notre conscience, avec Bentham, à l'éthique animale.

Notes :

DESCARTES, *Lettre au marquis de Newcastle*.

BENTHAM, *Introduction aux principes de la morale et de la législation*.

OGIEN, *De l'influence de l'odeur des croissants chauds sur la bonté humaine*.

16

Robin des Bois

Est-il moral de voler par nécessité ?

> « Quoi ? Tu refuses l'occasion d'esbaudir une personne royale ? »

Je suis Adam de la Halle, un ménestrel, c'est-à-dire un chanteur qui conte de belles histoires. Je vais vous narrer ici la véritable histoire de Robin des Bois. À la fin du douzième siècle, le roi Richard Cœur de Lion partit pour la croisade en Terre sainte. Pendant son absence, son frère, le perfide prince Jean usurpa la Couronne. Le peuple saigné à blanc par des taxes de plus en plus lourdes n'avait espoir qu'en Robin des Bois qui détroussait les riches pour donner l'argent aux pauvres.

Voyageons dans le temps et partons dans la forêt de Sherwood à sa rencontre. Le voici : aux côtés de Petit Jean, au bois, il se promène. Tous deux s'en vont le cœur content et devisent gaiement. Ils se rappellent les heureux souvenirs du passé et sont emplis de gratitude à l'idée de vivre une si belle journée. Certes, ils se sont mis à dos le belliqueux shérif de Nottingham qui veut leur passer la corde au cou. Mais faire l'objet de pareilles condamnations n'affecte guère nos deux héros.

Sire, vous avez un merveilleux don pour inciter les pauvres à donner leur argent !

Les trompettes qui annoncent un riche cortège interrompent leur promenade. Voilà qui promet un jour de quête pour les pauvres ! Robin et Petit Jean ne le savent pas encore mais il s'agit du cortège du prince Jean en personne ! À l'intérieur de son royal carrosse, il devise avec Persifleur son aspic et néanmoins conseiller. « Sire vous avez un merveilleux don pour inciter les pauvres à donner leur argent », flatte Persifleur. Jean le corrige : il dérobe aux pauvres pour donner aux riches ! D'ailleurs, la prochaine étape va leur rapporter plus encore ! Nottingham, voilà un village où ils prélèveront des taxes magnifiques ! On apprend alors que le prince Jean et Persifleur ont comploté ensemble pour accéder au trône. Le serpent a hypnotisé le roi Richard afin qu'il parte en croisade et laisse le trône à son frère. En plus d'être infâme avec son peuple, le prince Jean est donc un usurpateur.

Robin et Petit Jean se déguisent en diseuses de bonne aventure. Ils interpellent le cortège : on dévoile l'avenir ! On développe votre horoscope ! Devant de telles promesses, le prince Jean fait arrêter son carrosse et donne aux deux voleurs déguisés la permission de baiser ses royales mains. Robin en profite pour avaler les pierres précieuses qui ornent ses bagues. Puis tandis qu'il s'adonne à une séance de voyance, Petit Jean vole les enjoliveurs de roue en or massif du carrosse et vide le coffre du trésor royal. Sans blesser personne mais par une simple supercherie, Robin et Petit Jean ont réussi à dépouiller totalement le prince de l'or qu'il transportait.

Pris de remords, Petit Jean demande à Robin s'ils sont d'honnêtes ou de malhonnêtes gens ? Est-ce que c'est bien de dérober aux riches pour nourrir les pauvres ? Frère Tuck, petit frère des pauvres, toujours à l'affût d'une bonne œuvre, n'a aucun doute sur ce point. Dieu bénit Robin le juste qui agit conformément à la morale en volant le prince.

C'est une véritable question philosophique : est-il moral de voler par nécessité ? La réponse divise les philosophes, n'en déplaise à Frère Tuck.

Il faut promouvoir le bonheur du plus grand nombre.

Le philosophe Kant, lui, ne pourrait pas qualifier Robin de « juste » comme Frère Tuck. Pour savoir si une action est morale, Kant a bâti une méthode qui consiste à évaluer l'intention qui gouverne notre action. Cette intention, Kant l'appelle « maxime ». Il nous dit que pour évaluer si notre action est morale, nous devons tout d'abord extraire cette maxime de notre action puis la passer à un triple test appelé « l'impératif catégorique ». Par exemple, dans le cas de Robin, la maxime est la suivante : « Je m'autorise à voler lorsque par ce vol je soulage des gens dans la nécessité. »

Premier test : la valeur morale de la maxime repose sur la capacité à l'universaliser sans contradiction. Si la règle d'action que nous poursuivons ne peut pas être universalisée sans se contredire, alors notre intention est immorale. Deuxième test : il s'agit de vérifier la cohérence *externe* de ma maxime, c'est-à-dire son applicabilité. Il s'agit, cette fois, de voir si un monde dont notre maxime constituerait la loi serait un monde viable. Prenons un exemple, songeons aux jeux vidéo dont le principe est de créer des villes, comme SimCity. Imaginons un instant qu'on puisse paramétrer les personnages qui peuplent notre ville avec une telle maxime. La question est alors de savoir si la ville que nous construisons serait viable au cas où nos personnages obéiraient à une telle maxime. Enfin, le dernier test nous demande de ne jamais instrumentaliser qui que ce soit, y compris soi-même alors que l'on est sujet de l'action, pour obtenir une certaine fin.

En vertu de ce protocole d'évaluation morale, Kant dirait que l'action de Robin est immorale car la maxime de son action, si elle était universalisée, ne dessinerait pas un monde social viable. Si chacun s'autorisait à voler quand il s'estime en situation de nécessité, alors la confiance dans le contrat social et dans les relations humaines serait détruite. Aussi dur que cela paraisse, pour Kant, il est immoral de voler par nécessité.

Telle n'est pas l'opinion de Bentham ! Pour lui, à l'inverse de Kant, ce n'est pas l'intention de notre action qui fonde sa moralité mais ses conséquences. Aussi, à partir du moment où les conséquences de notre action engendrent un bonheur plus grand pour un plus grand nombre de personnes, alors notre action est morale. Certaines fins autorisent certains moyens. Si nous volons l'or du prince Jean, nous causons son déplaisir mais nous engendrons le bonheur de toute la population de Nottingham saignée par lui jusqu'au cœur et même jusqu'à l'âme. Le calcul est vite mené : il faut voler le prince Jean et ce vol est moral.

Pour expliquer cette conclusion de Bentham, il faut revenir au point de départ. D'après Bentham, l'homme est un être sensible, c'est-à-dire qu'il est capable de ressentir du plaisir ou de la douleur – à la différence de la chose ou de l'inanimé. L'homme, en tant qu'être sensible, a donc intérêt à ne pas souffrir mais à ressentir du plaisir.

Pour Bentham, les mobiles fondamentaux des actions humaines sont les suivants : rechercher le plaisir et éviter la douleur. Il choisit donc de faire reposer sur eux la morale. « Qu'est-ce que le bonheur ? » demande-t-il. Réponse : C'est la possession du plaisir avec exemption de peine. « Qu'est-ce que la vertu ? » poursuit-il. Sa réponse est particulièrement originale : il appelle vertu ce qui contribue le plus au bonheur, ce qui maximise les plaisirs et minimise les peines. À l'inverse, il appellera vice ce qui diminue le bonheur et contribue au malheur.

Pour Bentham, le principe d'utilité doit donc gouverner la délibération morale. Si les conséquences d'une action sont utiles pour le plaisir, l'action est morale. À l'inverse, si les conséquences d'une action ne sont pas utiles pour le plaisir mais suscitent la souffrance, alors elle est immorale. Le principe d'utilité doit être complété par un principe d'impartialité. Nous devons toujours prendre en considération toutes les personnes affectées par les conséquences de notre action et ne pas privilégier nos intérêts au détriment de ceux des autres : « Chacun compte pour un et seulement pour un », écrit Bentham.

En vertu de ces deux principes, Robin est un homme vertueux et il est moral de voler par nécessité.

Sommes-nous d'honnêtes ou de malhonnêtes gens ?

Le retour du roi Richard signe la fin du dessin animé et le verdict de Disney sur cette question de philosophie morale. Le triste shérif de Nottingham, le prince Jean et Persifleur sont envoyés au bagne où ils payent les exactions qu'ils ont commises sur le peuple. De son côté, le hors-la-loi qu'est Robin est gracié. Il épouse dans les plus grands honneurs la nièce même du roi, Belle Marianne. Frère Tuck l'avait prédit : Robin n'est pas un hors-la-loi. Un jour viendra, avait-il annoncé, où l'on reconnaîtra qu'il est un héros. – C'est chose faite.

Notes :

KANT, *Fondements de la métaphysique des mœurs*

BENTHAM, *Introduction aux principes de la morale et de la législation*

V

“Charmant petit pantin de bois, éveille-toi : je t’accorde le don de la vie !” Machines, jouets, esprit

17

Vice Versa

De l'âme à l'esprit

« Vous êtes-vous déjà demandé ce qu'il peut bien se passer dans la tête des autres ? Moi je le sais. »

La voilà, c'est elle, Riley. À peine a-t-elle pris vie qu'apparaît la première de ses émotions : Joie. Avec elle, Riley ouvre les yeux sur le monde et découvre ses parents. Premier souvenir et c'est un souvenir heureux. Joie est une émotion qui dirige, du moins chez Riley, le quartier cérébral – siège où se décident les actions. Aussitôt après ce premier souvenir, une seconde émotion apparaît aux côtés de Joie : Tristesse. Aussi Riley se met-elle à pleurer.

Puis, le quartier cérébral devient un hall de gare. D'abord avec l'apparition de la troisième émotion, Peur, grâce à laquelle Riley est en parfaite sécurité. Puis vient Dégoût, une émotion présente pour empêcher Riley de s'empoisonner aussi bien physiquement que socialement. Puis surgit Colère, une émotion très à cheval sur la justice et l'impartialité. Toutes ces émotions, aux commandes du quartier cérébral, régissent les actions de la petite Riley.

Chaque moment vécu par Riley donne naissance à un souvenir enclos dans une boule colorée. Si le souvenir est heureux, la boule est jaune. Malheureux ? Elle est bleue. Parmi tous les souvenirs, ceux qui sont vraiment importants sont conservés dans la mémoire centrale. C'est le cas, par exemple, du jour où Riley a marqué un but pour la première fois au hockey sur glace.

Cette mémoire centrale alimente les différents aspects de la personnalité de Riley comme l'île du Hockey, l'île des Bêtises, l'île de l'Amitié ou encore celle de l'Honnêteté ou celle de la Famille. Ce sont ces îles de personnalités qui font que Riley est Riley.

Derrière cet univers aussi féerique qu'humoristique se retrouve une question philosophique classique et cruciale : nos actions sont-elles initiées librement par nous selon notre volonté dont le siège pourrait être l'âme, substance immatérielle ? Ou bien faut-il, au contraire, cesser de s'aveugler en imaginant pareille substance et convenir que tout en nous est réductible à des processus uniquement matériels ? L'âme, immatérielle, siège de la pensée et des émotions, existe-t-elle ou bien faut-il plutôt s'émerveiller devant la puissance du cerveau ?

Si tout est décidé depuis le cerveau par des processus organiques, comment penser encore que Riley agit librement quand elle rit s'il est vrai que cette action est décidée en elle par Joie ? « Vous êtes-vous déjà demandé ce qu'il peut bien se passer dans la tête des autres ? » Si l'on entrait à l'intérieur de la tête de quelqu'un, qu'y trouverait-on : une âme immatérielle ou bien les mécanismes complexes et merveilleux de l'esprit ?

Le quartier cérébral allait devenir un hall de gare.

Vice Versa nous invite à la découverte du fonctionnement des actions humaines et en propose une lecture résolument déterministe. Cela veut dire que lorsque Riley engage une action ou ressent une émotion, elle n'en est point la cause libre. Ce n'est pas selon un effet de sa libre volonté qu'elle se lamente en découvrant sa nouvelle maison de San Francisco. Ce n'est pas plus librement qu'elle éclate en sanglots au beau milieu de sa salle de classe lors de son premier jour d'école. Toujours aussi peu de libre arbitre lorsqu'elle interrompt brutalement et en colère la conversation avec sa meilleure amie restée dans le Minnesota.

Mais ce ne sont pas seulement ses émotions qui lui échappent. Ses décisions, qui découlent des affects primitifs qui la gouvernent, semblent aussi peu lui appartenir. Si Riley décide de fuguer, c'est parce que Colère a activé cette idée dans son quartier cérébral.

Il en va de même pour ses parents. Lorsque nous pouvons observer comment les résolutions sont prises dans l'esprit de son père comme de sa mère, nous découvrons les mêmes émotions à l'œuvre. Les personnages qui les incarnent sont simplement plus âgés.

En somme, c'est une théorie générale sur la nature de la pensée et de nos actions que soutient *Vice Versa*. De nos souvenirs à nos rires, de nos chagrins à nos colères, tout semble gouverné en nous non par notre libre volonté mais par des mécanismes sophistiqués à l'œuvre dans notre cerveau. Ces mécanismes sont d'ailleurs, à en croire Joie, consignés dans les guides d'emploi peuplant la bibliothèque qui se trouve dans le quartier cérébral. Parmi eux, se trouve par exemple un guide qui explique comment effectuer une restauration mémorielle exactement comme si le cerveau n'était qu'une machine.

Mêmes mécanismes à l'œuvre la nuit dans nos rêves. Aux côtés de Joie et de Tristesse, qui cheminent perdues dans le labyrinthe de la mémoire à long terme en direction du train de la pensée, nous découvrons le studio de « Rêve Production » qui a la lourde charge de réaliser chaque nuit les rêves qui vont peupler les nuits de Riley. Avant d'assister au tournage du prochain rêve de Riley, on peut apercevoir les affiches des rêves ayant connu le plus vif succès comme « Je tombe dans un puits sans fond », « Je m'envole » ou encore « Je suis poursuivie ». Mais la plupart du temps, les *scenarii* des rêves sont élaborés avec les souvenirs du jour auxquels on ajoute un filtre de distorsion de réalité. « Adressez-vous à la caméra, Riley est la caméra », crie la metteure en scène !

Jour et nuit, toute créativité nous échappe. Ce que nous appelons le moi semble n'être que la résultante d'un ensemble de mécanismes dont nous ignorons tout et qui, de ce fait, nous donne l'illusion d'être libres. *Vice Versa* nous libère de cette illusion et dévoile une nécessité qui n'apparaît pas comme une mauvaise nouvelle.

Comme s'il s'agissait de courbes, de lignes et de plans.

En ce sens, *Vice Versa* a des accents spinozistes. Dans l'*Éthique*, Spinoza entreprend de parler de l'homme non tel qu'il aime à se représenter lui-même mais tel qu'il est. Si l'homme pense être une réalité hors de la nature qui a sur ses actions une absolue puissance, c'est-à-dire qui est maître de ses actes, il faut reconnaître qu'il s'agit là d'une douce illusion. L'homme n'est pas un empire (c'est-à-dire une réalité autonome) dans l'empire de la nature. Au contraire : l'homme suit les lois de la nature même lorsque ses actions semblent désordonnées et déconcertantes.

Nombreux sont ceux pourtant, déplore Spinoza, qui ont cru que l'homme était libre et qui se sont permis, à ce titre, de rire des actions humaines ou à l'inverse de les déplorer. Spinoza ne veut pas se prêter à une telle attitude. Il veut comprendre les actions humaines, c'est-à-dire les ramener à ce qu'elles sont : des mécanismes. Il en parle comme s'il s'agissait de courbes, de lignes et de plans.

Pour Spinoza, lorsque nous agissons et quand bien même nous croyons le faire librement selon notre volonté, parce que nous pensons que nous pourrions aussi bien ne pas agir, nous sommes en vérité conduits à agir en vertu de déterminismes contraignants. La cause de cette illusion ? Notre conscience ne perçoit pas en amont des effets de nos actions les causes qui les ont engendrées et dont pourtant nous n'avons pas idée. Autrement dit : on se croit libre parce qu'on a conscience des fins qu'on se propose quand on agit et non des causes pour lesquelles on se les propose.

Derrière nos actes libres ne se cachent rien d'autre que nos appétits eux-mêmes. Là même où nous croyons que c'est l'âme qui décide, c'est le corps qui dispose ou plutôt le cerveau ou encore le quartier cérébral où vivent Joie et Tristesse. Ainsi, nous agissons toujours non parce que nous l'avons choisi mais parce que nous sommes poussés à le faire par des mouvements qui s'effectuent simultanément dans le corps et dans l'âme, en fonction des variations de notre vie affective.

Ainsi le bébé croit aspirer librement au lait, l'enfant en colère vouloir la vengeance, et le peureux la fuite. Ainsi Riley croit librement choisir de quitter les qualifications pour faire partie de l'équipe de hockey, et sa mère faire rejaillir le souvenir de son ancien amant brésilien quand sa vie présente la déçoit, et son père singer un gorille pour amuser sa fille. L'homme ivre croit que c'est par un libre décret de l'esprit qu'il dit ce que, redevenu sobre, il voudrait avoir tu. Riley croit entreprendre, par un libre décret de sa volonté, de descendre les escaliers en glissant sur la rambarde pour s'amuser. Tous se croient libres pour la seule raison qu'ils sont conscients de leurs actions et ignorent tout des causes par quoi elles sont déterminées.

Ces îles de personnalités font que Riley est Riley.

Une telle position philosophique aurait de quoi nous attrister : nous ne sommes pas libres et agissons en vertu de mécanismes dont nous ignorons tout. Pourtant la lecture de Spinoza, comme la vue de *Vice Versa* a, paradoxalement, quelque chose de très joyeux.

Il est vrai que *Vice Versa* conduit à penser que l'on ne peut pas distinguer un acte intentionnel de certains mouvements corporels (comme les mouvements réflexes), qui ne le sont pas. Mais cette philosophie de la nécessité a bel et bien des conséquences positives. Si l'homme n'est pas libre, il ne peut être tenu pour responsable de ses actes. Car, de fait, il ne peut pas y avoir de jugement moral sans l'imputation à un agent qui serait cause de l'action. Tout jugement moral repose en effet sur le concept d'action humaine libre. Pour qu'un jugement moral ait un sens, il faut que quelqu'un ait fait quelque chose. Les actes doivent pouvoir être imputés à quelqu'un. Or si l'on ne peut distinguer les actes imputables de simples événements qui ne le sont pas, c'est-à-dire l'action de l'événement, ou encore l'action d'un mouvement corporel, alors il ne saurait plus être question de juger moralement.

Peut-on blâmer Riley d'avoir fugué ? Riley peut-elle souffrir du fait que ses parents aient quitté le Minnesota ou de ce que son père soit moins disponible pour jouer maintenant que son emploi le préoccupe ? De telles pensées, tristes, n'ont lieu d'être que sur fond d'actions librement choisies par leur auteur. À partir du moment où l'on comprend que ce que fait Riley se fait en elle et sans elle pour ainsi dire, alors avec l'édifice de la morale, tombe celui des passions tristes que sont la rancœur, la déception ou la jalousie. On ne saurait plus en vouloir à quelqu'un ni même s'en vouloir à soi-même de quoi que ce soit – comme si son acte ou notre acte résultait d'une intention délibérée.

Quand le film s'achève, Riley a douze ans. Les îles de sa personnalité se sont modifiées – certaines ont vu le jour comme l'île des Boys Band – l'entraînant à engager d'autres actions. Ces îles font que Riley est Riley. Ces îles font que Riley est ce qu'elle est. Vous êtes-vous déjà demandé ce qu'il peut bien se passer dans la tête des autres ? *Vice Versa* nous répond. Vous êtes-vous déjà demandé ce qu'il se passe réellement dans votre esprit ? *Vice Versa* vous interroge… Quelles sont vos îles de personnalités ?

Note :
SPINOZA, *Éthique*.

18

WALL-E

Technologie et responsabilité

« Ça ne ressemble pas à la Terre… Le ciel bleu où est-il ? Où est l'herbe ? »

Imaginez une si vaste décharge que vous ne puissiez plus en voir le bout. C'est fait ? Doublez-la, triplez-la. C'est fait ? Eh bien, imaginez maintenant une décharge si grande qu'elle ait fini par couvrir la totalité de la planète. Plus aucune vie humaine, plus rien sinon les détritus qui jonchent la surface entière du sol. Plus de nature. Plus d'arbres. Plus d'animaux. Plus de vie. Plus rien.

Telle est la planète sur laquelle s'active un petit robot solitaire et attachant, Wall-E. Cette planète, c'est la Terre. Oui, c'est bien notre belle planète bleue telle que nous l'avons abandonnée après l'avoir tellement abîmée, tellement souillée qu'elle a cessé d'être habitable.

Derrière nous, nous avons laissé des robots nettoyeurs (au nom de série : *Waste Allocation Load Lifter-Earthclass* d'où l'abréviation Wall-E) dont la longue tâche consistait à compacter nos détritus, à mettre en ordre le désordre que nous avons laissé afin que nous puissions revenir un jour. Mais de ces robots, il n'en reste plus qu'un seul en état de marche. Et pour cause, voilà plus de sept cents ans que l'humanité a dû quitter la Terre.

Inlassablement, Wall-E arpente la surface de sa ville, imposant l'ordre au désordre, reconstruisant des simulacres d'immeubles avec les cubes de détritus qu'il compacte. Dans le monde de Wall-E, les immeubles sont de détritus et non plus de briques. C'est un monde mort. La seule trace des humains, ce sont les visages sur les panneaux publicitaires de la compagnie Buy-N-Large, encore présents, qui invitent à consommer toujours plus.

Des humains, restent aussi quelques objets que Wall-E collecte et qu'il consigne avec un intérêt de collectionneur dans le conteneur qui lui sert de maison : un Rubik's Cube, des briquets, des poussins en plastique et de vieilles cassettes vidéo. Wall-E aime ainsi visionner le film *Hello, Dolly !* C'est grâce à cette comédie musicale de Gene Kelly qu'il apprend les gestes à travers lesquels on manifeste l'affection que l'on porte à une personne comme le fait de lui prendre tendrement la main.

Dans cet univers désertique, le seul être vivant qui demeure est ce petit insecte qui suit Wall-E partout. On ne serait pas en train de regarder un Disney, on serait effrayé.

Un jour, la vie de Wall-E bascule, un robot EVE (Évaluatrice de la Végétation Extraterrestre) est déposé sur Terre. Sa mission : évaluer si un retour de l'humanité sur Terre est possible. Lorsqu'elle découvre la petite plante qui a réussi à pousser dans un environnement si peu propice, EVE doit repartir à bord du vaisseau spatial Axiom annoncer la bonne nouvelle aux humains. Wall-E, qui s'est pris d'affection pour elle, la suit.

Nous découvrons alors ce qui est advenu de l'humanité, coupée de la Terre…

Bonjour tout le monde ! Bienvenue à la 255 642e journée à bord de l'Axiom !

Sur l'Axiom, l'immense vaisseau spatial à bord duquel l'humanité a fui la Terre, la vie des humains est entièrement régulée par des machines toujours plus perfectionnées. Si la vision de la Terre comme décharge à ciel ouvert était terrifiante, celle de l'humanité abandonnée à la technologie ne l'est pas moins. Incapables de se tenir debout, les humains se meuvent sur des fauteuils volants. Ils ne font plus le moindre geste. Attraper un verre posé sur une table est un geste impossible : à force d'avoir été soulagés par les machines et de n'avoir ainsi plus à faire le moindre effort, les humains sont devenus obèses. Même leur squelette s'est modifié.

Sans force physique, ils vivent rivés derrière des écrans. Ils ne se parlent jamais directement mais toujours à travers la médiation d'un écran. Aucun effort, aucune interaction sociale, les humains sont devenus des loques avachies qui, à vrai dire, n'ont plus rien… d'humain. Ce sont des consommateurs, tellement avilis, tellement soumis au joug de l'entreprise Buy'N'Large qu'ils n'ont plus de désirs propres, plus rien qui leur appartienne vraiment. Ils vivent comme tout le monde vit, s'habillent comme la norme l'édicte sans jamais quitter leur fauteuil ni lever les yeux de leur écran.

Une telle vision ne vous saisit-elle pas d'effroi ? Est-ce à dire que la technologie n'est pas seulement un formidable outil mais une menace pour l'homme dans son essence même ? Telle est la question philosophique que Disney-Pixar nous pose à travers *Wall-E*.

AGIS DE FAÇON QUE LES EFFETS DE TON ACTION SOIENT COMPATIBLES AVEC LA PERMANENCE D'UNE VIE AUTHENTIQUEMENT HUMAINE SUR TERRE.

À travers ce film, nous sommes initiés à la philosophie de Hans Jonas. Dans son livre *Le Principe responsabilité*, ce dernier soutient que l'augmentation et le perfectionnement de la technologie posent à l'humanité un type de problèmes éthiques inédits. Si, jadis, l'intervention humaine sur la nature, grâce à la technique, produisait des effets réversibles qui permettent à la nature de restaurer ses équilibres fondamentaux, aujourd'hui tel n'est plus le cas. Si, jadis, chaque génération pouvait trouver la Terre dans le même état que la génération précédente l'avait trouvée, nos interventions sur la nature produisent désormais des effets irréversibles.

Par ailleurs, écrit Jonas, l'homme exerce son pouvoir sur la nature, sans se soucier des conséquences, par le moyen d'une technique qu'il ne contrôle pas. Notre technologie à la croissance exponentielle nous dépasse. Les pires *scenarii* ne sont donc pas à exclure.

Hans Jonas nous apprend qu'il est temps que l'humanité se dote d'une nouvelle éthique. Il nous invite à réaliser que notre développement technique et technologique doit aller de pair avec la prise de conscience d'une responsabilité morale nouvelle à l'égard de notre planète et des générations futures. Dans la mesure où nous possédons désormais la capacité de provoquer la destruction des conditions nécessaires à la perpétuation d'une vie authentiquement humaine, nous avons l'obligation de tout faire pour préserver la possibilité d'une telle vie future.

Aussi Hans Jonas va-t-il énoncer notre devoir moral : nous devons toujours agir en sorte que les effets de notre action soient compatibles avec la permanence d'une vie authentiquement humaine sur Terre. Tel est le principe responsabilité auquel doit se soumettre une humanité qui développe de telles technologies. La simple possibilité qu'une action mette en danger l'existence ou l'essence de l'humanité future doit suffire à la prohiber inconditionnellement. Les humains doivent pouvoir vivre ainsi que l'humanité a toujours pu vivre. Or, certains de nos actes pourraient mettre en péril cette possibilité. Une pollution démesurée ainsi qu'une surconsommation aux effets dévastateurs pourraient conduire les générations futures à ne plus être au monde comme nous le sommes.

Tel est l'enseignement que nous donne le film *Wall-E* qui pousse même la leçon jusqu'au paradoxe. Au milieu de cette humanité déchue qui nous est présentée, seul le robot Wall-E paraît véritablement vivant. Il est le seul avec lequel nous, spectateurs, pouvons encore nous identifier – bien qu'il soit une machine et bien qu'il y ait des humains à l'écran. De fait, seul Wall-E semble encore connaître le sens du mot « rencontre ». Lui seul parvient à ce que les gens créent du lien entre eux. Lui seul semble éprouver des sentiments.

C'est bien un paradoxe : c'est la machine qui rappelle l'humain à son humanité ! Et cela même si, au départ, c'est l'avancée technologique qui cause la déchéance de l'humanité. On le voit : le film propose une thèse tout en subtilité. La technologie n'y est pas définitivement condamnée mais présentée dans son ambivalence. Dotée d'une éthique, elle pourrait être cet outil précieux qu'elle est par vocation. C'est d'ailleurs aussi la mémoire des ordinateurs qui ressuscite celle du capitaine McCrea. C'est donc là aussi la machine qui rappelle à cet humain déchu ce que sont la Terre, la mer, un bal populaire. La machine peut aider comme elle peut être – à travers le cas d'Auto qui gouverne l'Axiom – un instrument d'aliénation.

Avec *Wall-E,* inquiétante fable philosophique sur l'avenir de notre planète et de notre humanité, Disney-Pixar applique une prescription du philosophe Hans Jonas. Celui-ci nous apprend que, pour assumer le principe moral de responsabilité, nous devons nous faire peur. Anticiper le pire n'est pas le signe d'une peur pathologique mais l'indice du souci moral porté envers les générations futures. Voir *Wall-E* est donc bien plus que du divertissement. C'est s'éveiller au principe responsabilité.

Note :

JONAS, *Le Principe responsabilité.*

19

Pinocchio

Devenir un vrai petit garçon, de Descartes à Kant

> « Deux choses me remplissent le cœur d'une admiration et d'une vénération, toujours nouvelles et toujours croissantes : le ciel étoilé au-dessus de moi et la loi morale en moi. »

Amis qui me lisez, vous ne croyez sans doute pas que les vœux puissent se réaliser, n'est-ce pas ? Moi aussi j'étais comme vous et refusais d'y croire. Oui, il est vrai : je ne suis qu'un petit grillon qui va de place en place mais laissez-moi vous raconter l'expérience qui m'a fait changer d'opinion. Un soir, il y a longtemps dans un magnifique petit village, la nuit était sublime. Dans cette obscurité, seule était éclairée la fenêtre du sculpteur sur bois, Gepetto.

Vous n'avez jamais vu semblable endroit ! Dans l'atelier de Gepetto, se trouvaient partout de surprenantes horloges, d'étonnantes pendules et de délicieuses boîtes à musique. Que des chefs-d'œuvre ! Sur toutes les étagères, des jouets plus beaux les uns que les autres. Parmi eux, la dernière création du maître : un magnifique petit pantin de bois qui semblait presque réel. Il lui avait donné le nom de Pinocchio.

On aurait presque dit qu'il était vivant ! S'il devenait un vrai petit garçon, ce serait trop beau ! pensait Gepetto. En allant se coucher, il aperçut l'étoile des souhaits et lui adressa cette prière : « Étoile radieuse, tu es la première dont je vois ce soir la lumière. Quelle joie tu m'apporterais si mon souhait enfin se réalisait ! » Son vœu : que Pinocchio devienne un vrai petit garçon.

Éveille-toi : je t'accorde le don de la vie !

Tandis que le brave Gepetto s'était endormi, une fée apparut. Toute sa vie, il avait fait le bien autour de lui. Aussi avait-elle décidé que son vœu méritait d'être exaucé. Elle pointa sa baguette vers Pinocchio et prononça ces mots : « Charmant petit pantin de bois, éveille-toi : je t'accorde le don de la vie ! » Aussitôt, le pantin put parler, remuer et marcher. Était-il un véritable petit garçon ? Non : la réalisation du vœu de Gepetto dépendrait désormais entièrement de lui. Il faudrait que Pinocchio prouve à la Fée Bleue qu'il était brave, toujours franc, loyal et obéissant. Il allait devoir choisir entre la route droite et la route mauvaise. Cela ne serait pas facile !

Pour l'aider, sa conscience lui dicterait le chemin. « La conscience, mais qu'est-ce donc ? » demanda le pantin de bois. C'est alors que moi, Jiminy Cricket, j'entre en scène. Je lui répondis que la conscience est cette tranquille petite voix que personne ne veut entendre et c'est pour cela que tout va mal. La Fée Bleue me chargea alors de devenir la conscience de Pinocchio, grand chancelier de la connaissance du bien et du mal et guide sur l'étroit chemin du devoir.

Aussitôt nous eûmes une conversation à cœur ouvert, Pinoch' et moi. Je lui appris que le monde est plein de tentations et qu'il y a de mauvaises actions qui peuvent sembler équitables. Je lui signalai aussi que souvent il y a de très bonnes actions qu'on peut croire coupables. Et que souvent encore de mauvaises actions donnent des résultats aussi positifs que les bonnes et réciproquement. Bref : l'étroit chemin de la morale ne serait pas facile à suivre.

La loi morale en moi élève infiniment ma valeur.

Dans les *Principes de la philosophie*, Descartes nous apprend que telle est bien la différence entre la machine et l'être humain : la machine, dépourvue de libre arbitre, ne peut faire l'objet d'un jugement moral parce que son action n'est ni bonne ni mauvaise, elle est mécanique.

Qui ne trouverait point étrange, en effet, de blâmer une horloge lorsqu'elle ne donne plus l'heure ou à l'inverse de la féliciter lorsqu'elle le fait ? Si blâmes et louanges peuvent exister à propos d'une machine, ils visent en réalité leur créateur, c'est-à-dire un humain. Par exemple, on aurait raison de blâmer Gepetto si l'horloge en bois que l'on a achetée chez lui cesse de fonctionner après quelques jours, comme on pourrait à l'inverse le féliciter si cette horloge fonctionne parfaitement bien. On voit bien que le bon ou le mauvais fonctionnement ne dépend jamais de la volonté de la machine elle-même. Elle ne se dit pas qu'elle va cesser de fonctionner pour nous déplaire ou au contraire donner l'heure pour nous satisfaire. Elle ne se dit rien du tout. Elle n'a pas de volonté.

De l'homme, en revanche, on peut dire qu'il agit bien ou mal car nous reconnaissons qu'il est auteur de son action, c'est-à-dire que cette dernière résulte de sa volonté. L'homme peut choisir de faire le bien ou le mal. Lui seul possède une conscience morale. On loue l'homme qui fait le choix d'agir par devoir, ce qui revient à dire qu'il aurait pu aussi bien ne pas le faire. La machine est déterminée par ses mécanismes, l'homme est libre. La machine n'a aucune responsabilité, les actions de l'homme sont jugées sous la lumière de la morale.

La liberté de l'homme est totale : il peut faire le bien comme le mal. Pinocchio le montre en choisissant tantôt l'un tantôt l'autre. Mais ce qui va le rendre humain, c'est le choix de l'action morale (sauver Gepetto au péril de sa vie). N'est-ce pas cela précisément, accomplir pleinement son humanité : non seulement l'aptitude à la moralité mais l'assomption du choix moral ? Telle est la leçon de la Fée Bleue.

Et c'est aussi celle de Kant. Le philosophe allemand distingue lui aussi l'homme des autres réalités de la nature (les animaux comme Grand Coquin) et *a fortiori* des machines en ceci que seul il possède l'aptitude à la moralité. Cette possession de la loi morale est ce qui donne à l'homme sa valeur infinie. C'est par elle qu'il se distingue de l'animalité et même de tout le monde sensible. Tandis que les choses générales sont déterminées par des causes extérieures suivant des lois auxquelles elles sont aveuglément soumises, l'homme se détermine librement.

Lui seul possède ce que Kant nomme la loi morale, petite voix que l'on ne peut pas ne pas entendre comme celle de Jiminy Cricket. Accomplir son humanité, c'est choisir de ne pas se rendre sourd à cette voix de la loi morale. Accomplir son humanité, c'est cheminer dans l'étroit chemin du devoir pour accomplir autant que faire se peut une action morale. C'est faire le choix d'actualiser ce qui me distingue du reste de la nature et des machines. Telle est l'épreuve à laquelle est soumis Pinocchio.

PROUVE-MOI QUE TU ES BRAVE, TOUJOURS FRANC, LOYAL ET OBÉISSANT ET UN JOUR TU POURRAS DEVENIR UN VRAI PETIT GARÇON.

Ce chemin ne se fait pas sans peine. De fait, en allant à l'école, Pinocchio rencontre Grand Coquin qui lui fait croire qu'il a l'étoffe d'un acteur et lui chante les mérites de la vie d'artiste. Quand on est une célébrité, le monde est à nos pieds, lui vante-t-il. C'est tous les jours Noël. On peut porter de gros diamants à presque tous les doigts. Pinocchio se laisse avoir. Il rejoint la troupe de Stromboli où il est emprisonné.

La Fée Bleue intervient alors pour lui laisser une deuxième chance… que Pinocchio laisse, elle aussi, passer. Résolu à faire de sa vie un exemple, il croise à nouveau le chemin de Grand Coquin qui lui fait croire qu'il est malade et que le seul remède est de prendre un mois de vacances à l'île Enchantée, le beau pays des enfants gâtés où chaque jour est un jour de fête. Pinocchio y est alors, comme les autres mauvais garçons, transformé en âne. Ne pas cultiver son âme, se détourner du chemin du devoir et de la moralité nous bestialise – semble nous dire *Pinocchio* avec Kant.

Apprenant que Gepetto, parti à sa recherche, a été avalé par une baleine appelée Monstro, Pinocchio décide d'aller le chercher malgré l'extrême danger. Il sauve non seulement son père Gepetto mais aussi Figaro son petit chat et son adorable poisson Cléo. Il fait le choix de donner sa vie pour eux.

Enfin, il a trouvé le droit chemin. C'est alors que la Fée Bleue apparaît de nouveau. Il a prouvé qu'il est brave, toujours franc, loyal et obéissant. Elle décide alors de faire de lui pleinement un vrai petit garçon.

Bien avant les questions contemporaines d'éthique que soulève désormais l'extraordinaire perfectionnement des machines, *Pinocchio* trace une ligne de démarcation nette : entre l'humain et la machine se trouve la frontière de l'aptitude à la moralité, rendue possible par la possession d'une conscience.

Notes :

DESCARTES, *Principes de la philosophie*, article 37.

KANT, *Fondements de la métaphysique des mœurs.*

VI

“C’est un beau matin pour saisir cette chance !” Conscience, identité et liberté

20

Zootopie

Peut-on choisir qui devenir ?
Judy Hopps sur les pas de Sartre

> « Peu importe quel type d'animaux vous êtes : du plus gros éléphant jusqu'à notre premier renard, je vous implore d'essayer. Regardez en vous et reconnaissez que le changement commence avec vous. »

Un lapin officier de police ? Cela peut sembler impossible pour les esprits étroits mais il existe une ville, nommée Zootopie, dans laquelle chacun peut devenir ce qu'il veut. Chacun y possède, en effet, une multitude de possibles qui s'offrent à lui. Nul n'y est plus assigné à sa prétendue identité biologique. Ainsi, un mouton n'a plus à se cacher au milieu d'un troupeau et peut choisir de devenir… astronaute ! De même, un tigre n'a plus à devenir un chasseur solitaire mais peut préférer partir à la chasse aux impôts ! Un lapin, donc, n'a plus vocation à être éleveur de carottes mais peut, par exemple, choisir de contribuer à rendre le monde plus sûr en devenant officier de police.

Tel est le rêve de la jeune Judy, petit lapin qui grandit à Carotte-Ville. Lors du spectacle de fin d'année de son école, elle met en scène une pièce de théâtre en l'honneur de la ville de tous les possibles qu'est Zootopie. Elle y proclame, au grand malheur de ses parents qui s'inquiètent pour elle, son rêve de devenir inspecteur de police – rires dans la salle.

Elle n'est qu'un petit lapin et le devenir naturel des lapins est d'élever des carottes. Que pourrait-elle faire, elle qui est si frêle et vulnérable, face à des criminels violents ? À la sortie du spectacle, ses parents essaient de la dissuader de former de tels rêves. Ce sera difficile voire impossible pour elle de devenir agent de police. Connaître les limites que nous impose notre condition serait, lui expliquent-ils, le secret du bonheur. Son père lui avoue ainsi que si sa mère et lui ont toujours été heureux, c'est parce qu'ils ont fait une croix sur leurs rêves et sont restés vivre à Carotte-Ville. Leçon n° 1 : Il faut savoir se contenter de ce que l'on est. Leçon n° 2 : Quand tu n'essaies jamais rien de nouveau, tu n'échoues jamais. De cette façon, on est sûr de ne jamais être malheureux ! Enfin, ils ajoutent qu'on n'a simplement jamais vu un lapin dans la police. Les lapins ne font pas ça. Jamais. Peine perdue, la jeune Judy leur répond : « Alors je serai la première, c'est tout. »

Elle refuse d'être rangée dans une case et ce qui vaut pour elle vaut pour les autres. Bien des années plus tard, lors de son premier jour de service comme policière à Zootopie, elle intervient en faveur d'un renard qu'elle estime victime d'injustice. On l'assigne à une prétendue nature de voleur. Un renard, c'est forcément fourbe et rusé. Aussi les éléphants du magasin de crèmes glacées refusent-ils de le servir. Comment les gens peuvent-ils entretenir de tels stéréotypes ? Aucune nature biologique n'est une identité, pense Judy. Seul compte ce que nous choisissons d'être. Nos seules limites sont celles de notre courage et de notre volonté.

Judy a-t-elle raison de penser que nous sommes entièrement libres de nous choisir et cela indépendamment de tout ce qui forme notre condition ? Ou bien faut-il se ranger à la sagesse plus fataliste de ses parents convaincus que la nature biologique, par exemple, impose des limites à notre liberté qu'il serait insensé de prétendre transgresser ? Notre identité est-elle un donné ou bien résulte-t-elle des choix que nous faisons ? Sommes-nous ce que nous choisissons d'être ou bien ce que nous dicte notre identité biologique ?

Il y a clairement une dimension biologique.

Nombreux s'opposeront à Judy sur sa route vers la liberté. Nombreux défendront, contre son volontarisme, une philosophie déterministe.

Le premier est Gideon Grey, un jeune renard qui se moque du spectacle que Judy a monté à l'école : on n'a jamais vu un lapin officier de police, crie-t-il depuis le public où il se trouve. Qui est-elle pour croire qu'elle va changer le monde ? Lui, en revanche, en tant que renard, porte dans son ADN un instinct meurtrier. Par nature, elle est faible, il est fort. Et tandis qu'il la jette violemment à terre, traduisant dans les faits son discours, Gideon invite Judy à s'en rappeler la prochaine fois qu'elle pensera pouvoir être autre chose qu'une minable planteuse de carottes. Ce discours n'arrêtera pas Judy.

Deuxième obstacle : l'Académie de police de Zootopie. Il lui faudra apprendre à maîtriser les douze écosystèmes de Zootopie. Des exercices plus difficiles les uns que les autres scandent sa formation : chuter de trois cents mètres, gravir une muraille de glace, maîtriser un criminel énorme. Et tandis qu'elle échoue inlassablement à chacun de ces exercices, ses formateurs lui répètent aussi inlassablement : « Laisse tomber, demi-portion, et rentre chez toi. » Ces incitations n'auront pas raison de la volonté de Judy.

Devenue agent de police, elle est accueillie par Benjamin Clawhauser, un tigre en surpoids amateur de donuts. Alors qu'il est lui-même victime de stéréotypes, il assigne pourtant Judy à sa nature dès son arrivée : ce pauvre petit lapin va être mangé tout cru, pense-t-il. On n'a jamais vu un lapin dans la police. Jamais. Il en va de même du chef Bogo qui, malgré les résultats brillants de Judy à l'examen final de l'Académie, choisit de l'assigner au stationnement. Si elle s'oppose à lui en arguant qu'elle n'est pas un simple lapin décoratif, il lui répond que la vie n'est pas une comédie musicale où il suffirait de chanter sa petite chanson pour nous permettre de réaliser magiquement nos rêves insipides. Il lui conseille d'abandonner.

Même discours chez Nick. Il lui dresse un tragique portrait de son avenir : elle qui n'est qu'une petite paysanne pleine de rêves et de projets commencera par découvrir que Zootopie n'est pas ce qu'elle en espérait. Elle s'imagine déjà inspecteur mais elle ne deviendra pourtant qu'un simple agent contractuel avant de découvrir que tout le monde se fiche de ses rêves. Et elle vivra dans une boîte sous un pont. Jusqu'à ce qu'elle rentre chez elle et finisse par devenir éleveur de carotte. Oui, si tout le monde vient à Zootopie en pensant qu'il pourra être ce qu'il veut, Nick soutient, lui, que cela ne fonctionne pas ainsi. On peut seulement être ce que l'on est.

Ce pessimisme de Nick est nourri de sa propre expérience. Quand il avait huit ou neuf ans, tout ce qu'il voulait c'était entrer chez les scouts. Aussi sa mère avait-elle rassemblé assez d'argent pour lui acheter un bel uniforme. Il allait enfin faire partie d'une meute ! Il était si fier ! Lors de son initiation, il promet d'être courageux, serviable et digne de confiance. Mais ses jeunes camarades ne l'entendaient pas ainsi. Ils l'humilièrent en lui posant une muselière : jamais ils ne feraient confiance à un renard sans muselière. Cette expérience dramatique aura l'effet suivant. Nick se résigne : si le monde voit les renards comme des êtres sournois et indignes de confiance, à quoi bon essayer d'être autre chose ? On n'échappe pas à sa nature. Et si ce n'est pas elle qui nous enferme, ce sont les autres qui se feront une joie de nous la rappeler.

L'intrigue au cœur du film *Zootopie* redouble la problématique qui est celle de Judy, comme une mise en abyme. Quatorze animaux ont disparu qui se trouvent être tous des prédateurs.

Lorsque Judy les retrouve, elle découvre qu'ils sont enfermés dans des cellules par le Maire parce qu'ils sont devenus violents. Comment expliquer ce phénomène ? Les prédateurs deviennent-ils agressifs à cause d'une composante de leur ADN ? C'est bien se demander si l'on doit assigner les individus à une essence. Étonnamment, Judy le pensera un instant avant de comprendre que justement c'est l'assignation à une identité qui est l'ennemi de la liberté, l'ennemi de l'essence même de Zootopie.

Lors de la conférence de presse qui suit la découverte des animaux disparus, elle répond sous la pression des journalistes que la cause de cette régression violente est peut-être génétique. Peut-être y a-t-il un composant de leurs gènes. Il y a des millénaires, les prédateurs survivaient grâce à leur instinct d'agressivité. Ils semblent désormais régresser à leur mode de vie primitif. Lorsque Nick horrifié par ces propos essentialistes s'offusque, elle répond même : « Ce n'est pas comme si un lapin pouvait devenir sauvage ! » Judy elle-même n'est pas à l'abri de se laisser aller à une réduction essentialiste des personnes à leur nature biologique – même si sa vie est une lutte pour affirmer le contraire.

L'homme n'est rien d'autre que ce qu'il se fait.

Tous, depuis Gideon Grey aux membres de l'Académie de police, en passant par Benjamin, Nick et les parents de Judy auraient bien fait de lire *L'Existentialisme est un humanisme* de Jean-Paul Sartre. Le film dans sa totalité semble un hommage à la pensée du philosophe français. Même si ce dernier réserve sa philosophie à l'humain qu'il oppose aux choses, nous pouvons ici l'étendre aux animaux humanisés de Disney.

Que nous dit-il ? Bien sûr, chacun de nous a une condition à la fois biologique, sociale et psychique. Cet ensemble de paramètres qui nous caractérisent, Sartre l'appelle notre « situation ». Chacun de nous a une situation. Judy est un lapin de Carotte-Ville, fille d'éleveurs de carottes et sœur de deux cent soixante-quatorze lapins éleveurs de carottes. Cependant, cette situation, nous dit Sartre, n'est jamais déterminante : il nous appartient de conférer un sens à cet ensemble de paramètres. Il nous appartient de choisir d'en faire une limite ou une aide. Rien n'a de sens hormis celui que nous choisirons de lui donner. Une situation ne dessine pas une nature.

La nature, c'est le refuge des faibles, de ceux qui n'osent pas, par peur de l'échec ou qui, justement parce qu'ils ont échoué, imputent leur échec à leur situation comme si elle avait été déterminante. Les parents de Judy, par exemple, ont d'emblée renoncé à leurs rêves préférant céder à l'excuse de leur nature : lapins de Carotte-Ville, ils devaient devenir éleveurs de carottes. Ce faisant, ils se sont certes prémunis de l'échec mais ils se sont contentés de vivre. Exister, c'est plus que cela. Exister, c'est le privilège de l'homme (ou ici de l'animal) en tant qu'il assume d'avoir à se choisir et que seul il est maître de définir qui il est.

Pour ceux que Sartre appelle des *pour-soi* et qui, à la différence des objets techniques, ne sont pas rivés à une essence ou une fonction qui a engendré leur création, l'existence précède l'essence. Qu'est-ce que cela veut dire ? Cela signifie que nous ne sommes d'abord rien, rien de défini, de clos, de déjà joué. Nous existons d'abord et nous nous définissons ensuite. Et nous nous définirons comme nous l'aurons choisi. Mouton astronaute, tigre inspecteur des impôts, lapin inspecteur de police !

Nous n'avons pas de nature qui serait pour nous un déterminisme. Se réfugier derrière ce prétexte, c'est se masquer notre infinie liberté.

Zootopie n'est pas une utopie. Zootopie est l'autre nom de la liberté du pour-soi.

Chacun peut devenir ce qu'il veut.

Bien sûr, vouloir transcender sa situation, c'est se risquer à l'échec. Bien sûr, Judy pourrait échouer. Mais le plus grand des échecs n'est-il pas justement de ne pas avoir essayé ? La chanson *Try*, qui place l'exigence de tenter sa chance au cœur du film, semble soutenir la thèse qu'on n'existe pas vraiment tant qu'on n'essaie pas de se définir soi-même. Céder à ceux qui nous enferment dans une essence, c'est l'assurance de la défaite. Il nous appartient de tout tenter pour ne pas seulement être mais pour aussi *exister*.

Aussi Judy fait-elle preuve d'une grande sagesse lorsque, le jour de son départ, elle affirme à ses parents que la seule chose dont on doit avoir peur c'est de la peur elle-même. La peur paralyse et empêche de se réaliser. La peur pousse à se réfugier derrière des catégories toutes faites ou à emprunter des chemins balisés.

Ayons peur donc non des ours, des lions ou des loups mais ayons peur d'avoir peur d'eux. Ce n'est pas dans leur biologie d'être violents ou méchants. Gideon Grey est un imbécile qui se trouve être un renard. N'y a-t-il pas de même bien des lapins qui sont des imbéciles ? De fait, le même Gideon plus tard dans le film, devenu pâtissier chef, présentera ses excuses à Judy : jeune, il manquait de confiance en lui et cela s'exprimait par de la colère et de l'agressivité.

On le voit : au-delà d'une promotion formidable d'une philosophie de la liberté humaine, *Zootopie* est aussi une leçon de tolérance et d'accueil de l'altérité.

Note :
SARTRE, *L'Existentialisme est un humanisme.*

21

Ratatouille

L'artiste est-il un génie ?

> « C'est la vérité, tout le monde peut cuisiner. Mais le véritable génie n'appartient qu'aux audacieux. »

Bien que la plupart des pays veuillent le contester, la meilleure nourriture au monde se trouve en France, à Paris. Et la meilleure nourriture de la capitale est, paraît-il, préparée par le chef Gusteau.

Le restaurant Chez Gusteau est si prisé qu'on le réserve cinq mois à l'avance ! Il ne peut ainsi manquer de susciter la jalousie de ses rivaux. De fait, le chef Gusteau est le plus jeune chef à avoir atteint la cote cinq étoiles. Son livre de cuisine, *Tout le monde peut cuisiner*, est devenu un *best-seller*. Sa philosophie est claire : le talent s'acquiert par le travail. Il n'est pas d'élu ou de génie qui posséderait de façon innée le don de cuisiner. Nul n'est exclu de l'excellence *a priori*. Au contraire, l'excellence s'offre à qui fait l'effort de l'atteindre. Gusteau parle bien de « génie » mais ce statut semble à l'en croire se conquérir par l'audace et le travail. Il ne s'agit donc pas d'un don.

Tout le monde ne partage pas une telle philosophie. Anton Ego notamment, grand critique gastronomique parisien, ironise sur le titre du livre culinaire de Gusteau et sur la thèse philosophique qu'il manifeste. Ce qui l'amuse plus encore, c'est que Gusteau ait l'air d'y croire dur comme fer. Lui, Anton Ego, dont le narcissisme est inscrit dans le nom même, considère que la cuisine est une chose sérieuse, un art majeur où la réussite est le fruit d'un don. Non, tout le monde ne peut pas cuisiner. Certains feraient même mieux de s'en abstenir.

Le jeune Rémy, personnage principal de l'histoire, a découvert le chef Gusteau à la télévision. Il a suivi toutes ses émissions culinaires. C'est même pour lire le fameux livre de recettes *Tout le monde peut cuisiner* qu'il a décidé d'apprendre à lire. Il a suivi à la lettre les préceptes de Gusteau : ses conseils de cuisine bien sûr mais aussi ses principes plus généraux. Pour le chef parisien, l'excellence est partout autour de nous. Il nous suffit de nous arrêter pour la savourer. Autrement dit : il s'agit de prêter attention, de convertir son regard. C'est ce que Rémy fait : il travaille sa vue, son odorat, goûte les arômes divers. Peu à peu, il apprend la maîtrise des ingrédients pour créer de nouveaux plats.

Son rêve ? Paris, la ville des plus grands restaurants et des meilleurs chefs au monde ! Il rêve d'être l'un des leurs. Depuis sa découverte de Gusteau et la naissance de sa passion pour la cuisine, il a toujours pensé qu'en travaillant dur et avec un peu de chance, tôt ou tard, son talent serait enfin reconnu.

Oui mais voilà… Rémy est… un rat ! Le choix de cet animal n'est pas anodin. Contrairement au jeune faon Bambi ou au petit lion Simba dont les espèces sont auréolées d'une certaine noblesse, Rémy de par la sienne semble dévolu d'emblée au rejet.

La question philosophique qui semble posée par le film *Ratatouille* est la suivante : le génie existe-t-il ou bien n'est-il que l'illusion qui recouvre la seule réalité d'un travail acharné ? Le génie au sens ordinaire du terme désigne un don. Certains l'ont, d'autres pas et il n'y a rien à y faire. Le travail ne peut suffire à combler l'abysse du talent inné. C'est une conception élitiste : il y a des élus et il y a les autres. En revanche, si c'est le travail qui forge le talent, alors chacun peut devenir un artiste. Chacun peut devenir peintre, cinéaste, cuisinier, musicien ! Seuls compteront la volonté, la rigueur, le temps. Tout le monde peut devenir artiste.

Une fois n'est pas coutume, Disney choisit l'option qui déploie pour chacun une philosophie du possible. Il faut y croire et il faut le vouloir. Walt Disney lui-même n'a-t-il pas soutenu que tous nos rêves peuvent devenir réalité si nous avons le courage de les poursuivre ? Telle est la leçon de *Ratatouille*. Même le moins favorisé, même celui dont l'échec semble inscrit dans sa nature peut non seulement rêver mais mieux : réaliser ses rêves.

Tout le monde peut cuisiner !

La chance de Rémy c'est que la propriétaire de la maison, dans laquelle lui et sa meute de rats habitent, possède le livre du grand chef Gusteau. Ce livre, Rémy va le lire attentivement à la grande surprise d'ailleurs de son frère, Émile qui ignorait qu'il savait lire. Mais Rémy se passionne pour la cuisine et ce livre en donne les clefs. Il se donne donc, lui, les moyens de les posséder. En outre, Rémy vient, chaque soir, suivre, en même temps que la propriétaire de la maison, l'émission culinaire de Gusteau. Voilà donc quelle est l'école de Rémy : un livre et des cours télévisés.

Lorsqu'il arrive à Paris, il est prêt. Le fantôme du chef Gusteau, décédé de chagrin après une violente critique d'Anton Ego qui lui a fait perdre une étoile, l'a guidé jusqu'à son restaurant.

Là, il est témoin du désastre culinaire que la jeune recrue du restaurant, Linguini, s'apprête à commettre. Ce dernier a voulu confectionner une soupe mais ce qu'il a fait est tellement atroce que Rémy doit intervenir. Il rectifie la composition *in extremis* avant qu'elle ne soit servie à des clients. Le jeune Linguini observe avec stupeur ce rat sauver la réputation du restaurant. Pourtant, sa seule présence, si elle était connue, serait un motif de fermeture pour insalubrité !

Linguini sait bien qu'il n'a aucun don pour la cuisine – et il est pourtant le fils naturel du chef Gusteau. En revanche, Rémy, lui, a du talent. Aussi Linguini lui propose-t-il un pacte. Caché sous sa toque, Rémy guidera les gestes de Linguini et lui permettra de garder sa place chez Gusteau. Le gain pour Rémy ? – Il exercera sa passion, chose qu'à visage découvert, si l'on peut dire, il ne pourrait jamais faire. Ensemble, ils séduisent chaque soir des clients plus nombreux, redorant le blason déclinant du restaurant Chez Gusteau.

L'ascension de Linguini est fulgurante. Il n'a pourtant aucune formation. Les journalistes s'interrogent donc sur le secret de son génie. Il répond, tout en sachant que cela est faux, que le génie coule dans son sang dans la mesure où il est le fils de Gusteau. Où trouvez-vous votre inspiration ? lui demandent-ils alors. Linguini répond alors que si l'inspiration a plusieurs noms, la sienne porte celui de Colette, la jeune cuisinière dont il s'est épris.

Notre amour-propre favorise le culte du génie.

Cette réponse de Linguini reprend une théorie fort ancienne selon laquelle le génie est un don. Platon déjà considérait que l'artiste est inspiré par les dieux et crée en proie à un ravissement. Kant à son tour soutiendra que le génie n'est pas le résultat d'un apprentissage mais une disposition innée de l'esprit. Aucun artiste ne pourrait expliquer scientifiquement comment il accomplit son œuvre car, au fond, il ne sait pas lui-même comment lui en sont venues les idées. Aussi ne peut-il pas créer des œuvres à volonté ni enseigner le talent de réaliser des œuvres dont le secret, en définitive, lui échappe.

Rien n'est plus étranger à la leçon de *Ratatouille* ainsi qu'à la pensée de Nietzsche ! Pour le philosophe, comme pour notre rat doué, c'est méconnaître radicalement l'activité créatrice que de croire qu'elle est le produit d'une intuition soudaine ou d'une inspiration. On voudrait nous faire croire que l'idée d'une œuvre d'art ou d'un bon plat tombe du ciel comme un rayon de la grâce, s'amuse Nietzsche, alors qu'en réalité tout artiste produit du bon comme du médiocre et son jugement extrêmement aiguisé et exercé par un travail méthodique et patient choisit, sélectionne, rejette, combine. Il suffit d'observer les *Carnets* de Beethoven pour s'apercevoir qu'il a composé peu à peu ses plus magnifiques mélodies et qu'il lui a fallu, pour les composer, de multiples ébauches. Tous les artistes sont de grands travailleurs, infatigables dans les si nombreuses tentatives et ébauches qu'ils engagent avant de parvenir à produire une œuvre.

Mais alors pourquoi persister à croire en ce concept de « génie » ? Quel intérêt a Anton Ego comme Kant à soutenir que tout le monde ne peut pas être un artiste ? Nietzsche a la réponse : c'est notre paresse et notre lâcheté qui trouvent dans le concept de « génie » une excuse bien commode. Si chacun d'entre nous pense généralement plutôt du bien de lui-même, nous n'espérons pourtant pas former l'ébauche d'un tableau de Raphaël si la peinture est notre domaine. Ni pouvoir écrire une pièce semblable à celle de Shakespeare ! Ni cuisiner comme Gusteau ! Aussi, nous nous persuadons que le talent qui s'exprime dans ces œuvres ou créations de l'art est un miracle, un hasard ou si nous sommes croyants, une grâce venue du ciel. Voilà comment notre amour-propre a tout intérêt à croire au concept de « génie » : c'est à la condition d'être les effets d'un don que les accomplissements d'autrui ne nous blessent pas.

Si nous étions honnêtes et reconnaissions dans ces œuvres les effets d'un travail acharné, alors nous devrions nous blâmer de ne pas avoir su engager les efforts nécessaires pour tirer de nous de si belles œuvres. Considérer qu'elles sont le fruit du génie, c'est s'excuser par avance de ne rien avoir fait de semblable ! Nommer quelqu'un « divin » c'est dire : « Ici, nous n'avons pas à rivaliser », écrit Nietzsche. Dire que quelqu'un est un « génie », c'est dire que l'on ne peut pas être comparé à lui.

Un grand artiste peut surgir n'importe où.

Ainsi le dessin animé *Ratatouille* est une invitation à croire en soi et à avoir l'audace d'essayer. La clef du talent n'est pas dans un don divin qui toucherait certains élus à l'exclusion des autres. Le talent réside dans un certain courage et dans la ténacité.

C'est la philosophie du grand chef Gusteau qui, parlant de cuisine, nous donne une leçon générale de vie : « La grande cuisine n'est pas faite pour les timorés. Il faut avoir de l'imagination, de l'audace. Il faut prendre le risque de commettre des erreurs et personne n'a le droit de vous imposer des limites, quelles que soient vos origines, d'où que vous veniez. Votre seule limite, c'est votre âme. C'est la vérité, tout le monde peut cuisiner, mais le véritable génie, n'appartient qu'aux audacieux. » Les deux clefs de Gusteau sont les mêmes que celles de Nietzsche : imagination et audace.

Cette philosophie finit par convaincre Anton Ego lui-même lorsqu'il est mis devant cette singulière et incroyable révélation : c'est un rat qui a cuisiné le succulent repas qui vient de le bouleverser jusqu'au fond de l'âme.

Pourtant Anton Ego n'avait jamais fait mystère du mépris que lui inspirait la devise d'Auguste Gusteau : « Tout le monde peut cuisiner ! » Mais ce n'est qu'en goûtant la cuisine de Rémy qu'il a vraiment compris ce que Gusteau voulait dire. Tout le monde ne peut pas devenir un grand artiste, mais un grand artiste peut surgir n'importe où.

Il paraît difficile d'imaginer origine plus singulière et modeste que celle du génie qui cuisine maintenant chez Gusteau. Ce chef n'est pourtant rien moins que le plus grand cuisinier de France, affirme Anton Ego. C'est pourquoi il retournera bientôt chez Gusteau… plus affamé que jamais.

Notes :

PLATON, *Ion.*

KANT, *Critique de la faculté de juger.*

NIETZSCHE, *Humain, trop humain.*

22

Le Roi Lion

"N'oublie pas qui tu es !"
Simba est-il libre d'écrire son histoire ?

« Écoute le vieux Rafiki ! Il connaît le chemin. »

Le grand roi Mufasa a montré à son fils Simba l'étendue de leur royaume. Il lui a appris que tout obéit aux lois d'un équilibre délicat. En tant que roi, il lui faudra comprendre cet équilibre et respecter toutes les créatures : de la fourmi qui rampe à l'antilope qui bondit. Il lui a expliqué que si les lions mangent les antilopes, quand les lions meurent leur corps se transforme en herbe et les antilopes mangent les herbes. Chacun est un maillon dans le grand cycle de la vie. Il lui a appris également que le temps passé par un roi à gouverner ressemble à la course du soleil. Aussi, un jour le soleil éteindra sa lumière sur lui Mufasa et se lèvera pour faire de Simba le nouveau roi.

Simba n'est encore qu'un jeune lion et pourtant son chemin semble déjà tout tracé. Il est destiné, lui aussi, à prendre sa place dans le grand cycle éternel. Dès sa naissance, il a été présenté aux animaux du royaume et consacré par un rayon de soleil comme fils du roi et futur roi. Peut-on encore considérer que la vie du jeune Simba lui appartient ? Peut-on penser que Simba est libre s'il est vrai que son rôle est déjà écrit ?

Quelques années plus tard, Simba regarde les étoiles sur la voûte céleste en compagnie de ses amis Timon et Pumba. Le cosmos qu'il observe alors est-il un grand tout organisé dans lequel chaque être joue un rôle déterminé ou bien chacun possède-t-il la liberté absolue de choisir son existence ? Au fond être libre, est-ce faire ce que l'on veut quand on veut ou bien doit-on penser que la liberté consiste à consentir à la nécessité qui nous détermine ? – C'est l'histoire de Simba.

Je veux faire ce qui me plaît !

Jeune lion, Simba conçoit clairement sa liberté comme la capacité d'écrire sa propre histoire. Être libre consiste alors pour lui à « faire ce qui lui plaît ». Souffrant des contraintes que lui impose Zazou, il revendique sa soif de la liberté dont il disposera quand il deviendra roi. À l'en croire, il sera alors autonome, c'est-à-dire qu'il obéira à sa propre loi. « Au roi, on ne dit pas : "Tiens ta langue et tais-toi" », chante-t-il. Quand il sera roi, Simba fera ce qui lui plaît sans avoir de comptes à rendre à qui que ce soit. Surtout, il pourra choisir quoi faire.

Rien n'est plus éloigné de son esprit que l'idée que sa vie est déjà tracée et que sa seule liberté consiste à endosser le rôle qui lui a été assigné. Par exemple, lorsque Zazou évoque le fait qu'il est destiné à épouser un jour la jeune Nala, Simba rejette cette idée qui lui semble impossible. Nala est son amie ! Ce serait bizarre, pense-t-il.

De fait, être libre, n'est-ce pas posséder la capacité d'être cause et source de son action ? Écrire sa vie, choisir et dessiner soi-même son avenir, n'est-ce pas ce que nous entendons par « liberté » ? Simba reprend ici une conception traditionnelle de la liberté que nous retrouvons chez Jean-Paul Sartre lorsqu'il défend que pour les hommes, et peut-être pour les lions aussi, « l'existence précède l'essence ». Cela signifie que rien n'est écrit par avance. Que nous choisissons d'être qui nous désirerons être. C'est, on l'a vu, la leçon de *Zootopie*.

La liberté consiste à vouloir que les choses arrivent, non comme il te plaît, mais comme elles arrivent.

Telle n'est pas la conception de Stoïciens comme Épictète, ni de Nala, ni même de Rafiki. Pour eux, Simba a une place à occuper dans le cycle éternel. Cette place, il ne l'a pas choisie mais elle l'attend et il convient pour lui de jouer le rôle qui lui a été assigné.

Il existe une disposition immuable dans l'ordre des choses. Plutarque écrit ainsi dans *Des opinions des philosophes* que, pour les Stoïciens, il existe « un ordre et une connexion qui ne peuvent jamais être forcés ni transgressés ». Dès lors, la sagesse et même la liberté consistent dans l'acceptation et l'acquiescement sans réserve à cet ordre, dans l'*amor fati,* c'est-à-dire l'amour du destin. Être libre, c'est non plus être cause de l'action mais consentir à la nécessité qui nous détermine.

En d'autres termes, il faut, comme un bon acteur, selon l'image qu'emploie Épictète, accepter le rôle que nous confie le destin et le jouer le mieux possible. Nous sommes les acteurs d'une pièce que nous n'avons pas choisie. Ce qui nous attend ne dépend donc pas de nous. Mais en revanche, il dépend de nous de jouer jusqu'au bout le rôle que le destin nous a confié.

C'est d'ailleurs parce que les Stoïciens pensent le cosmos comme un tout organisé dans lequel tout s'enchaîne de manière causale qu'ils admettent la possibilité d'une science de la divination. En effet, si tout est lié, si le monde n'est que le déploiement rigoureux d'une chaîne de causes et d'effets, il doit être possible, connaissant la cause, de prédire l'effet. Telle est ainsi la tâche du devin : lire dans le présent les événements à venir. On peut dans les entrailles ou le vol des oiseaux comme dans les rêves déchiffrer les signes des événements qui s'annoncent. Rafiki, qui connaît le chemin, c'est-à-dire qui perçoit les liens de causalité à l'œuvre dans le Tout, lit dans le vol de feuilles la survie de Simba et part à sa rencontre.

Il est temps de reprendre ta place.

Confronté d'abord à Nala puis à Rafiki, Simba doit faire face à la nécessité de reprendre la place qui est la sienne dans le grand cycle de la vie. C'est que, parti en exil juste après la mort de son père, dont il croit à tort être responsable, il a renié son identité et son destin. Persécuté par les événements, comme le dit Timon, il a choisi de renier son histoire et vit désormais selon le credo « Hakuna matata ».

Mais il suffit au vieux singe rusé Rafiki d'invoquer auprès de Simba le défunt Mufasa pour lui faire comprendre que sa liberté consiste non pas à tourner le dos à son passé mais au contraire à l'accepter et à consentir à ce qui est attendu de lui.

Depuis la voûte céleste, Mufasa lui murmure : « Tu m'as oublié en oubliant qui tu étais. Regarde en toi Simba, tu vaux mieux que ce que tu es devenu. Il te faut reprendre ta place dans le cycle de la vie. N'oublie pas qui tu es. »

Quand Simba court vers son royaume pour assumer le rôle qui depuis toujours doit être le sien, nul ne dirait qu'il a renoncé à sa liberté. Au contraire : c'est là qu'il devient libre et qu'il se libère en acceptant d'être non pas seulement une partie mais un membre du Tout collaborant au destin.

Il va libérer le royaume de l'odieux Scar et de ses hyènes. Il deviendra roi. Il épousera Nala. Et, quand le soleil commencera à amorcer sa descente sur lui, il se lèvera sur un nouveau lionceau destiné à son tour à prendre sa place dans le grand cycle de l'histoire de la vie.

Notes :

SARTRE, *L'Existentialisme est un humanisme*.

PLUTARQUE, *Des op. des philos.*, I, XXVIII cité par Jean Brun, *Le Stoïcisme*.

ÉPICTÈTE, *Manuel*.

CONCLUSION

“Il était une fin”

Voilà, ami Lecteur, c’est déjà la fin ! Tu as épuisé tes trois vœux. Mais je ne te quitterai jamais tout à fait. Car je t’ai transmis le plus grand des pouvoirs : celui de voir au-delà des apparences. Oui, tu as saisi désormais que ce n’est pas ce qui est à l’extérieur mais ce qui est à l’intérieur qui compte.

Tu as compris que ce n’est pas parce qu’un dessin animé te divertit et t’enchante qu’il se réduit à cela. Tu sais maintenant que chacun renferme une pépite de sagesse qui t’aidera à penser et à vivre.

C’est déjà ce que disaient mes vieux ancêtres génies, Aristote et Cicéron : quand on cherche à transmettre le savoir, il faut l’envelopper d’attraits ! Il faut instruire mais aussi séduire ! *Docere et placere !* Le divertissement n’est donc pas l’ennemi du sérieux. Et tant pis pour ceux qui ne le comprennent pas. Jafar, par exemple, n'a rien compris quand il est devenu génie. Il croyait que son austérité était le gage de sa puissance. Tu parles ! Maintenant il chante pour l'éternité enfermé dans la lampe seul avec Iago, dans la caverne aux merveilles.

Bien sûr, il y a de nombreux dessins animés dont on n'a pas eu le temps de parler : *Le Monde de Nemo*, *Rox et Rouky*, *Merlin l'Enchanteur*, *Mulan*, *Les Aristochats*, *Taram et le chaudron magique*, *Toy Story*, *Cendrillon*, *Kuzco*, *Monstres et Compagnie*, et tant d'autres chefs-d'œuvre. Mais ce sera peut-être l'occasion de se retrouver ! Car tu t'en doutes, ils ne sont pas moins philosophiques ! Ce petit livre ne peut à lui seul prétendre avoir définitivement épuisé la richesse philosophique du monde merveilleux de Disney !

En attendant, Lecteur, ouvre tes yeux, tu les verras déjà différemment. Sois à l'affût du contenu de savoir qu'ils t'apportent. Parce que le savoir, tu l'as compris, ne rime pas avec ennui. Il est la clé d'une vie réussie.

Tu veux un dernier conseil ? Ce sera aussi le dernier mot de ce petit livre. Ce pourrait être la dernière phrase d'un dessin animé :

Ils vécurent philosophes
et firent beaucoup d'heureux.

REMERCIEMENTS

À toutes les fées et les magiciens

Qui se sont penchés sur le berceau de ce petit livre…

Caroline Bokanowski, protectrice, passionnée et enthousiaste comme Nala dans *Le Roi Lion* ;

Jacques-Henri Eyraud, pour l'intérêt amical et bienveillant qu'il accorde à mon travail ;

Patrick Savidan qui me fait l'honneur de croire en chacun de mes projets,

Qui m'accompagnent dans la vie…

Ma mère, telle Blanche-Neige, la plus belle de tous les royaumes ;

Mon père, fort et aimant comme Zeus dans *Hercule*, qui m'emmena à Disneyworld pour mes dix ans. La source de ce livre ?

Alice que j'aime aussi fort et aussi maladroitement qu'Elsa aime Anna dans *La Reine des Neiges* ;

Bernard, généreux, juste et protecteur comme Petit Jean dans *Robin des Bois* ;

Angélique, petit Mowgli, naïve et curieuse, partie à la découverte de son monde ;

Annerike, aussi romantique et littéraire que Belle et à son beau prince charmant ;

Betty, véritable Pocahontas, heureuse en harmonie avec la nature, respectueuse de tous les êtres ;

Laurent, Prince charmant qui a inspiré tous les princes les plus séduisants ;

Marie, malicieuse comme Simba et attachante comme Olaf, qui met tant de magie partout où elle se trouve ;

Marion, indépendante comme Elsa, qui a le courage d'aller seule au-devant de ses désirs ;

Maryline Gillois qui m'a offert son infiniment précieuse amitié ;

Nathalie, moitié Nemo, moitié Baloo, courageuse et philosophe dans l'adversité, qui invite chacun à méditer qu'il en faut peu pour être heureux ;

Mais aussi Anne M., Marie Z., Diane D., ainsi que Pauline et Chabert pour nos conversations enthousiastes autour de ce livre !

Qui brilleront éternellement dans mon cœur…

Ruwen Ogien, le plus doux et le plus merveilleux des amis ;

Mamette, ma grand-mère et amie. « Tu n'es plus là où tu étais mais tu es partout là où je suis. »

Équateurs parallèles

Du goût des voyages suivi de *Carnets du Congo*, Joseph Conrad, 2007.

Uruguay, Jules Supervielle, 2008.

Ce que c'est que l'exil, Victor Hugo, 2008.

Aphorismes sous la lune et autres pensées sauvages, Sylvain Tesson, 2008.

Ménagerie intime, Théophile Gautier, 2008.

L'argent, Charles Péguy, 2008.

Les coqs et les vautours, Albert-Paul Granier, 2008.

La Bretagne à travers l'histoire, Anatole Le Braz, 2009.

Voyage à Rome, Jean-Baptiste Labat, 2011.

Mon oncle Benjamin, Claude Tillier, 2011.

Aphorismes dans les herbes, Sylvain Tesson, 2011.

Un fil à la patte, Georges Feydeau, 2011.

Tableau de la France, Jules Michelet, 2011.

Pourquoi les oiseaux chantent, Jacques Delamain, 2011.

Voyage en Champagne, Jean-Paul Kauffmann, 2011.

Voyage à Bordeaux, Jean-Paul Kauffmann, 2011.

Un été avec Montaigne, Antoine Compagnon, 2013.

Un été avec Proust, sous la direction de Laura El Makki, 2014.

Le système Ribadier, Georges Feydeau, 2014.

Réflexions et maximes, Vauvenargues, 2014.

Exemples singuliers de la vengeance d'une femme, Denis Diderot & Jean-Jacques Rousseau, 2015.

Velazquez, Élie Faure, 2015.

En ménage, J.-K Huysmans, 2015.

Un été avec Baudelaire, Antoine Compagnon, 2015.

Petits spleens numériques, Antoine Compagnon, 2015.

La philosophie face à la violence, Marc Crépon & Frédéric Worms, 2015.

Mahâtmâ Gandhi, Romain Rolland, 2016.

Un été avec Victor Hugo, Laura El Makki & Guillaume Gallienne, 2016.

Il me semble désormais que Roger est en Italie, Frédéric Vitoux, 2016.

Un homme dans la foule, Budd Schulberg, 2017.

Un été avec Machiavel, Patrick Boucheron, 2017.

Ils vécurent philosophes et firent beaucoup d'heureux, Marianne Chaillan, 2017.

Reproduit et achevé d'imprimer
par Corlet Imprimeur
en octobre 2017.
Dépôt légal : octobre 2017.
Numéro d'imprimeur : 192732.

ISBN 978-2-84990-531-9. / Imprimé en France